MARCO POLO

SÜDSCHWEDEN
STOCKHOLM

Reisen mit **Insider Tipps**

> Kristallklare Seen, tiefe Wälder und zerklüftete Schäreninseln – hier gibt es unendlich viel zu entdecken! Ob Sie einen Aktivurlaub, entspannende Ferien in einer Hütte am See oder eine anregende Städtereise planen – Südschweden bietet das alles.
> *MARCO POLO Autorin*
> *Tatjana Reiff*
> (siehe S. 131)

Spezielle News, Lesermeinungen und Angebote zu Südschweden:
www.marcopolo.de/suedschweden

SÜDSCHWEDEN

> SYMBOLE

Insider Tipp — MARCO POLO INSIDER-TIPPS
Von unserer Autorin für Sie entdeckt

★ MARCO POLO HIGHLIGHTS
Alles, was Sie in Südschweden kennen sollten

☼ SCHÖNE AUSSICHT

📶 WLAN-HOTSPOT

▶▶ HIER TRIFFT SICH DIE SZENE

> PREISKATEGORIEN

HOTELS
€€€ über 150 Euro
€€ 100–150 Euro
€ unter 100 Euro
Die Preise gelten für zwei Personen pro Nacht im Doppelzimmer mit Frühstück

RESTAURANTS
€€€ über 26 Euro
€€ 16–26 Euro
€ unter 16 Euro
Die Preise gelten für ein für das jeweilige Restaurant typisches Hauptgericht

> KARTEN

[118 A1] Seitenzahlen und Koordinaten für den Reiseatlas Südschweden
[U A1] Koordinaten für die Karte Stockholm im hinteren Umschlag
[0] außerhalb des Kartenausschnitts

Karten zu Göteborg und Malmö finden Sie auf den Seiten 124 und 125
Zu Ihrer Orientierung sind auch die Orte mit Koordinaten versehen, die nicht im Reiseatlas eingetragen sind

---

■ **DIE BESTEN MARCO POLO INSIDER-TIPPS** ..... **UMSCHLAG**
■ **DIE BESTEN MARCO POLO HIGHLIGHTS** 4
■ **AUFTAKT** 6
■ **SZENE** 12
■ **STICHWORTE** 16
■ **EVENTS, FESTE & MEHR** 22
■ **ESSEN & TRINKEN** 24
■ **EINKAUFEN** 28

■ **DIE SÜDKÜSTE** 30
■ **DIE WESTKÜSTE** 42
■ **VÄNERN UND VÄTTERN** 56
■ **DIE OSTKÜSTE** 68
■ **STOCKHOLM** 78

> DIE BESTEN MARCO POLO HIGHLIGHTS

 Gotland
Sonneninsel in der Ostsee mit imposanten Felsformationen, Schafen, Kirchen und langen Stränden (Seite 68)

 Glasriket
In Smålands Wäldern liegt das Glasreich mit traditionsreichen Glashütten (Seite 76)

 Gamla Stan
Enge Gassen, alte Kirchen, terrakottafarbene Giebelhäuser im Herzen Stockholms (Seite 80)

 Vasa
333 Jahre lag das königliche Kriegsschiff auf dem Meeresgrund vor Stockholm, nun steht es im Museum (Seite 83)

 Icebar in Stockholm
Gerührt oder geschüttelt, aber unter allen Umständen eiskalt: Cocktails genießt man hier natürlich aus echten Eisgläsern und am besten im kältedichten Poncho bei minus 5 Grad (Seite 88)

 Stockholms Schären
Inselreich im wahrsten Sinne des Wortes: 24 000 kleine Eilande drängen sich in den Schären vor den Toren der schwedischen Hauptstadt. Sommer und Sonne locken Tausende in dieses Paradies (Seite 90)

 Astrid Lindgrens Värld
Pippi, Michel und Ronja wären sicherlich begeistert von diesem Vergnügungspark im småländischen Vimmerby (Seite 104)

AUFTAKT

> Natur erleben, Stille und Einsamkeit genießen. Wer das sucht, ist in Südschweden genau richtig! Kristallklare Seen, tiefe Wälder und zerklüftete Schäreninseln – es gibt unendlich viel zu entdecken! Ob Sie einen Aktivurlaub mit Kanufahren und Segeln oder ruhige Ferien in der Hütte am See planen – Südschweden bietet das alles. Natürlich auch Kultur. Wandeln Sie auf den Spuren der Wikinger, erkunden Sie das Glasreich und besuchen Sie Stockholm, Malmö und Göteborg mit ihrem pulsierenden Großstadtleben. Und selbst dort kommen Sie an jeder Ecke zur Ruhe. In Südschweden gibt es eben fast alles, nur keine Hektik!

> Ich wohne in dem schönsten Land der Welt … Hier gibt es alles, vom Lichten und Lächelnden bis zum Dunklen und Ernsten, oft auf die bezauberndste Weise gemischt", sagte die Kinderbuchautorin Astrid Lindgren. Kristallklares Wasser, tiefe Wälder, unberührte Wildnis und weit und breit kein Mensch – kein Wunder, dass die Schweden ihr Land so lieben, vor allem im Sommer. Viele Touristen teilen ihre Begeisterung. Sie suchen keinen Trubel, sondern Ruhe und Einsamkeit, sie wollen die einzigartige Natur genießen, angeln, baden, Rad fahren oder paddeln.

Die meisten reisen mit dem eigenen Auto und kommen in einem der großen Fährhäfen im Süden des Landes an. Schnell fällt ihnen auf: Schweden ist anders. Auf den gut ausgebauten Straßen wird langsam gefahren. Man kann gelassen die Landschaft an sich vorbeiziehen lassen. Im Landesinnern wirkt das Land unendlich weit: riesige Felder, tiefe Wälder und immer wieder Seen – unbebaute Flächen, wohin man schaut, nur hier und da ein roter Bauernhof. Und ab und zu auch mal ein Elch – wenn man Glück hat. Gute 9 Mio. Schweden verteilen sich auf der enormen Fläche von 450000 km^2.

84 Prozent der Bevölkerung leben im Süden des Landes, vor allem in den drei größten Städten, Stockholm (mit Vororten über 1,9 Mio. Ew.), Göteborg (mit Vororten fast 900000 Ew.) und Malmö (ca. 277000 Ew.).

> *Unbebaute Flächen, wohin das Auge schaut*

Skåne (Schonen) im Süden mit dem Wirtschaftszentrum Malmö ist die Kornkammer Schwedens und bekannt für gutes Essen. Mit weiten Feldern, gemütlichen Fachwerkhäusern und weiß getünchten Giebelkirchen ähnelt es dem Nachbarn Dänemark. Kein Wunder, 500 Jahre lang war die Region dänisch. Weiter gen Osten gelangt man über die idyllischen Fachwerkstädte Ystad und Simrishamn nach Österlen, einer lieblichen Landschaft, die im Sommer in allen Farben leuchtet.

Sandstrände, Schäreninseln und mittelalterliche Städtchen wie Åhus oder Sölvesborg sind typisch für Blekinge, die kleine Region mit großem

Sobald sich die ersten Sonnenstrahlen zeigen, zieht es die Schweden ins Freie

AUFTAKT

Schärengarten nordöstlich von Skåne – ein Paradies zum Baden, Segeln und Angeln, denn der Mörrumsån ist einer der lachsreichsten Flüsse des Landes.

Rau und kontrastreich präsentiert sich dagegen die Westküste. Weite Sandstrände, endlose Dünen und traditionsreiche Badeorte finden Sie in Halland. Felsige, zerklüftete Schären mit malerischen Fischerdörfern in Bohuslän, der angeblich „salzigsten Ecke Schwedens". Beide Regionen trennt Göteborg, Skandinaviens größter Hafen mit vielen Sehenswürdigkeiten, Läden und pulsierendem Nachtleben.

In Südschweden liegen auch die drei größten Seen des Landes: der Vänern

> **Sanft, idyllisch, rau oder wild: jede Gegend eine Welt für sich**

(ca. 5400 km^2), Vättern (1888 km^2) und Mälarsee (1084 km^2). Unberührte Wildnis erleben Sie in Dalsland und Värmland, die an den Vänernsee grenzen. Phantastische Wanderstrecken, glasklare Seen und fischreiche Flüsse, ideal auch für Kanu- und Floßtouren, machen die Gebiete zu einem attraktiven Ziel für Aktivurlauber. Vänern und Vättern sind durch den Göta-Kanal verbunden. Der einstige Handels- und Transportweg zwischen Göteborg und Stockholm lockt heute zahlreiche Touristen an.

Småland, im Herzen Südschwedens, ist die wohl bekannteste Region, dank der Bücher von Astrid Lindgren, die hier aufwuchs. Mit tiefblauen Seen, dunklen Wäldern und roten Holzhäusern ist es das Bullerbü-Idyll schlechthin, das sich hervorragend für einen Urlaub in einem Ferienhaus eignet.

Segel- und Badefans zieht es an die wild zerklüftete Ostküste. Die Schä-

Skåne ist Schwedens Kornkammer

WAS WAR WANN?

Geschichtstabelle

12000 v. Chr.–1800 v. Chr. Erste Besiedelungen

800–1050 n. Chr. Wikingerzeit

8.–13. Jh. Christianisierung

1252 Gründung der Stadt Stockholm

1300–1600 Hansezeit

1397–1523 Kalmarer Union: Vereinigung der Reiche Dänemark, Norwegen und Schweden

1523–1560 Gustav Wasa besiegt die Dänen und wird König von Schweden. Enteignung der Kirche, Einführung von Reformation und Erbmonarchie

1630–1648 Schweden greift unter Gustav II. Adolf in den Dreißigjährigen Krieg ein und kämpft auf der Seite der Protestanten

1700–1721 Großer Nordischer Krieg. Schweden muss seine Ostseeprovinzen abtreten

1813–1814 Nach dem Sieg über Napoleon erhält Schweden Norwegen (bis 1905)

1928 Der Sozialdemokrat Per Albin Hansson formuliert seine Vision vom „Volksheim". Aufbau des Wohlfahrtsstaats

1974 Neue Verfassung. Der König hat nur noch repräsentative Aufgaben

1986 Olof Palme wird ermordet

1995 Beitritt Schwedens zur EU

2003 Tödliches Attentat auf die Außenministerin Anna Lindh

Volksabstimmung: Nein zum Euro

2006 Eine bürgerliche Allianz beendet die 12-jährige Regierungszeit der Sozialdemokraten. Neuer Ministerpräsident wird Fredrik Reinfeldt

2007 Als erste Frau wird Mona Sahlin Parteivorsitzende der Sozialdemokraten

ren bei Gryt oder St. Anna sind ein ausgezeichnetes Segelrevier. Auch Öland, die flache Sonneninsel in der Ostsee, ist mit ihren feinen Sandstränden ein Badeparadies.

Rund um den Mälaren, vor den Toren Stockholms, liegen die alten Kulturlandschaften Södermanland und Uppland mit stattlichen Herrenhöfen und imposanten Schlössern. Das wohl bekannteste ist Schloss Drottningholm, Residenz der schwedischen Königsfamilie. Stockholm schließlich, strahlende Hauptstadt auf dem Wasser, vereint Natur und Kultur auf besondere Weise. Mit Regierungssitz und Königsschloss, schöner Altstadt, vielen Museen, Geschäften und Restaurants ist es umgeben von einem riesigen Schärengarten mit rund 24000 Inseln.

Auch die Schweden machen im Sommer gern Urlaub im eigenen Land, und zwar in ihrem Sommerhaus, der *stuga*. Sie sind nicht nur sehr naturverbunden, sondern haben auch ein starkes Bewusstsein für den Schutz der Natur. Jeder weiß: Für frische Luft, sauberes Wasser und gesunde Bäume muss man etwas tun. Schweden vergessen nicht, dass sie der Natur ihren Wohlstand verdanken. Wasserkraft aus den reißenden Flüssen des Nordens, Holz und Bodenschätze wie Silber, Eisenerz und Kupfer haben das Land reich gemacht. Dabei war es noch vor gut 100 Jahren ein armes Bauernland mit großen Hungersnöten, das im 19. Jh. mehr als 1 Mio. Menschen nach Amerika verließen.

Mitte des 19. Jhs. begann die Industrialisierung. Durch den Ausbau des Ei-

AUFTAKT

senbahn- und Kanalnetzes konnten die riesigen Naturressourcen im Norden genutzt werden. Fabriken und Sägewerke entstanden, die Nachfrage auf dem Kontinent nach schwedischem Holz, Eisenerz und Industrieprodukten war groß. Heute ist Schweden eine der führenden Industrienationen Europas und hat dank vieler sozialer und politischer Errungenschaften einen der höchsten Lebensstandards der Welt. Der Wohlfahrtsstaat machte Schweden berühmt. Die hohen Steuern allerdings auch.

Und wie sind sie nun, die typischen Schweden? Ausländische Besucher haben oft den Eindruck, sie seien kontaktscheu und introvertiert. Doch kühl und langweilig sind sie keineswegs. Erleben Sie Schweden beim Feiern und Sie werden staunen: Die Menschen lieben das Zusammensein und pflegen ihre Traditionen. Sie genießen ausgelassen ihre Feste, im Winter wie im Sommer. Dann taut selbst der schweigsamste Schwede auf. Natür-

> *Trinklieder gehören zum Feiern dazu*

lich darf dann auch der Alkohol nicht fehlen. Doch nicht nur deshalb singen die Schweden ausgiebig. Trinklieder gehören in Schweden zum Feiern einfach dazu. Auch die Nationalhymne kommt meist irgendwann an die Reihe. Die Schweden sind eben stolz auf ihr Land mit der blau-gelben Fahne. Es ist doch schließlich das schönste Land der Welt, oder?

Inspirierte Kurt Tucholsky zu seiner Sommergeschichte: Schloss Gripsholm

10 | 11

▶▶ TREND GUIDE SÜDSCHWEDEN

Die heißesten Entdeckungen und Hotspots! Unser Szene-Scout zeigt Ihnen, was angesagt ist

Reza Mir Heidari
pendelt seit mehreren Jahren zwischen München und Stockholm, wo er für die internationale Online-Marketing-Firma *Tradedoubler* (www.tradedoubler.com) arbeitet. Die schwedische Hauptstadt ist für ihn mittlerweile eine zweite Heimat. In seiner Freizeit zieht es ihn oft in die Schären und seinen zahlreichen Besuchern aus München zeigt er das Nightlife der Stadt, das es wirklich in sich hat!

▶▶ DESIGN AUF SCHWEDISCH

International gefragt: Puristische Entwürfe schwedischer Designer

Eine neue Generation von Modemachern entsteht und ist auf dem Weg nach oben. Spätestens seit sich die *Stockholm Fashion Week* einen Namen als Treffpunkt für avantgardistische Designer gemacht hat, ist Fashion made in Sweden international gefragt. Hinter dem Independent-Label *Nakkna* stehen Camilla Sundin, Claes Berkes und Ella Soccorsi. In der Boutique des Mode-Trios gibt's edle Teile in gedeckten Farben. Dass man trotzdem nicht als graue Maus den Laden verlässt, verhindern ausgefallene Schnitte und originelle Details *(Tjärhovsgatan 3, Stockholm, www.nakkna.com)*. Die Kollektionen von Jenny Hellström sind futuristisch und nostalgisch zugleich: Sie entwirft moderne Teile, die vom Stil vergangener Jahrzehnte inspiriert sind *(www.jennyhellstrom.com)*. Auch Carin Wester *(www.carinwester.com)* und Camilla Norrback *(www.camillanorrback.com, Foto)* erobern sich einen Platz unter den Topdesignern des Landes.

SZENE

▶▶ UNGEWÖHNLICH GEBETTET

Hotels mit Adventure-Charakter

Das Motto der Hotels in Südschweden: je abgefahrener, desto besser! Vorreiter der Bewegung ist der Künstler Mikael Genberg, der mit seinen zwei Hotels Trends setzt (www.mikaelgenberg.com, Foto). So besteht die Mini-Herberge *Utter Inn* auf dem Mälarsee aus einem Floß mit einem kleinen roten Häuschen drauf. Zwei Betten, zu denen man über eine Leiter drei Meter in die Tiefe steigt, warten darauf, dass man den Fischen Gute Nacht sagt (*Västerås*). Das Hotel *Hackspett* hängt in luftiger Höhe im Baumwipfel einer 350 Jahre alten Eiche und bietet Platz für eine Person und viele Gedanken (*Västerås, Södra Ringvägen, Vasaparken*). Größer, luxuriöser und trotzdem erschwinglich ist die eigene Insel mit Sandstrand. Die Miet-Inseln in der Nähe von Norrtälje sind ein Eldorado für Stromempfindliche und TV-Geschädigte (http://stugknuten.com). Wer es zentraler mag, schläft im Hotelboot *Röda Baten Mälaren* (Södermälarstrand Kajplats 6, Stockholm, www.theredboat.com).

▶▶ VERY VINTAGE

Fashionistas stehen auf Secondhand

Vintage-Boutiquen sind angesagt wie noch nie. Trendige Teile gibt's zum Beispiel im *Stockholm Stadsmission Second Hand* (Stortorget 5, www.stadsmissionen.se). Eine Zeitreise durch die Epochen und dazu eine coole One-Woman-Show erlebt man im *Lisa Larson Secondhand* (Bondegatan 48). Mode und Wohnaccessoires aus den 50er- bis 70er-Jahren gibt's im *Charlston Second Hand* (Haga Nygata 10d, www.charlston.se). *Grandpa* (Södermanagatan 21, www.grandpa.se, Foto) verkauft auf zwei Etagen Klamotten schwedischer Designer aus zweiter Hand, Bilder, Dekokram und coole Retro-Möbel. In denen kann man problemlos stundenlang Probe sitzen und die Fische im Aquarium beobachten. There's no place like *Grandpa*!

▶▶ OPEN AIR

Beheizte Außenbereiche beim Clubbing

In der Szene-Metropole Stockholm heißt der Nightlife-Trend der Stunde Outdoor-Clubbing. In den Open-Air-Areas der In-Clubs drängen sich die Trendsetter unter Heizpilzen, in Hollywoodschaukeln und auf Teppichen. In den meisten Locations sind die Außenbereiche sogar so gut beheizt, dass sie ganzjährig geöffnet sind. Die beste Adresse für einen Sundowner ist der Outdoor-Hotspot *Josefina (Galärvarvsvägen 10, www.josefina.nu)*. Danach geht es mit viel frischer Luft weiter im *Utecompagniet*, das zum In-Club *Sturecompagniet* gehört *(Stureplan, www.sturecompagniet.se)*. *Humlegården* liegt im gleichnamigen Park und ist die Outdoor-Location der *Spy Bar, (Sturegatan, www.spybar.se, Foto)*. Zu schick? Heißer Tipp inklusive Riesenaußenbereich: Der Indie-Club *Debaser*, wo im schrammeligen Retro-Ambiente die Hippster Södermalms abhängen, Kicker spielen und zu Bands wie *Architecture in Helsinki* oder *Surgarplum Fairy* tanzen *(Karl Johans Torg 1, www.debaser.nu)*.

▶▶ NEUE KONZEPTE AUS SOFO

Angesagt: Coole Shop-Konzepte

Immer mehr Concept-Stores eröffnen im Viertel SoFo *(www.sofo.se)*. Die Abkürzung steht für *South of Folkungatans*. DJ-Sounds hören, chillen in der dazugehörigen Lounge und sich zwischendurch etwas Inspiration von den Kunstwerken an der Wand holen – Shopping mit Konzept eben. Die stylishsten Jeans ganz Schwedens gibt es im *Weekday (Götgatan 21, www.weekday.se)*. Kultlabel wie *Acne* oder *Whyred* teilen sich hier die Regale. Das Besondere: Dieser Store wurde vom *Cheap Monday*-Designer Örjan Andersson gegründet, der immer mal wieder direkt im Laden seine T-Shirts und Jeans per Hand bemalt. Wer das Hippste vom Hippen sucht, wird im *Tjallamalla* fündig. Die Designer, die die Kleider für *Tjallamalla* machen, sind – ähnlich wie die Kundschaft – größtenteils schwedisch, weiblich und alles andere als langweilig. Wer das perfekte Outfit gefunden hat, kann sich beim Store-Hairstylisten gleich noch die passende Frisur verpassen lassen *(Bondegatan 46, www.tjallamalla.com, Foto)*.

►► SZENE

►► TRENDY HAGA

Göteborgs Viertel Haga ist im Kommen

Früher war Haga ein Arbeiterviertel, heute entwickelt es sich zunehmend zum Treffpunkt für ein trendiges und unkonventionelles Publikum. Der Mix aus Shops, Cafés und Restaurants überzeugt. Man lässt sich treiben, zum Beispiel vorbei am *Bebop*, einem Laden mit schwedischem Design aus den Jahren 1930–70 (*Kaponjärgatan 4c, www.bebop.se, Foto*), über die *Nöller Espressobar* (*Haga Nygata 28, www.noller.se*) bis zum *Drömmas*. Der angesagte Store verspricht pures Glück für alle Shopaholics (*Östra Skansgatan 3c, www.dromma.se*).

►► DRIVE-IN-BINGO

Die Westküste entdeckt ein Spiel

Auto-Bingo! Klingt schräg? Ist es auch, obwohl das Prinzip simpel ist. Man nehme einen großen Parkplatz, stelle zwei Wohnwagen darauf und rüste jedes Auto mit Autokinozubehör aus. Schon kann es losgehen. In einem der Wohnwagen sitzen Nummern-Girls und verlesen die gezogenen Zahlen, der andere wird zur Bar umfunktioniert. Die Plätze werden mittlerweile rar, denn immer mehr Schweden wollen als Erster „Bingo" aus dem Autofenster rufen (*Munkedal, Mai–Sept., jeden Di., 18:30 Uhr, www.munkedal.se*).

►► COOL CUISINE

Von wegen Knäckebrot und Köttbullar

Schwedens junge Chefs sind kreativ wie nie! Vor allem Göteborg sorgt mit seiner innovativen Gastro-Szene in ganz Europa für Furore. Lust auf experimentelle Schweden-Kost? Die besten Adressen in Göteborg sind die Restaurants *Hos Pelle* (*Djupedalsgatan 2, www.hospelle.com*) und *Wasa Allé* (*Vasagatan 24, www.wasaalle.se*). In Viken bringt Jungkoch und Shootingstar Niklas Ekstedt Kreationen auf den Teller, die locker als moderne Kunst durchgehen könnten. Teaser gefällig? Wachtelbrüstchen in Aprikosenpüree, dazu Rosmarin-Curry und ein Chutney aus grünen Tomaten (*Hamnplan, www.niklas.se*). Das angesagte Stockholmer *F12* überzeugt nicht nur mit avantgardistischer Küche, sondern auch mit einer coolen Sommer-Terrasse (*Fredsgatan 12, www.f12.se, Foto*).

14 | 15

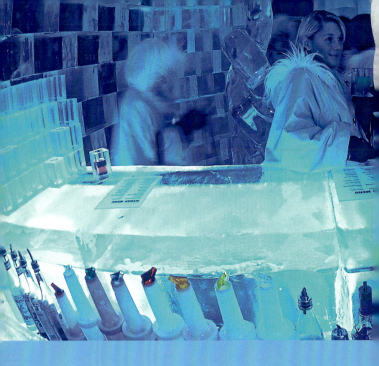

> VON ALKOHOL BIS WOHLFAHRTSSTAAT

Schwedenhappen aus Gesellschaft, Kultur, Natur und Politik

ALKOHOL

Skål! Ein wichtiges schwedisches Wort, denn es heißt „Prost". Das Bild vom alkoholisierten Schweden kursiert häufig in den Köpfen ausländischer Besucher, und es ist auch etwas dran. Trinken hat in Schweden eine lange Tradition. Ob das an den langen, kalten Wintern oder der Freude über die hellen Sommernächte liegt, weiß man nicht. Die heutige restriktive Alkoholpolitik wurde 1977 beschlossen. Die Gesundheit steht dabei im Mittelpunkt. Wenn das Individuum schon nicht selbst dafür sorgen kann, muss eben der Staat eingreifen. Außerdem: Alkoholkranke kosten jährlich Unsummen. Hohe Steuern sollen den Leuten deshalb das Trinken verleiden. Der Zugang zu Alkohol wurde erschwert, indem man staatliche Läden *(systembolaget)* einrichtete. Nur dort kann man Getränke

Bild: Ice Bar im Nordic Sea Hotel in Stockholm

STICH WORTE

mit einem Alkoholgehalt über 3,5 Prozent kaufen (Mindestalter 20 Jahre). Die Folge: Die Schweden trinken trotzdem – durchschnittlich 9,7 l reinen Alkohol pro Person im Jahr, deutlich weniger als die Deutschen (10,4 l). Trotzdem hat man einen anderen Eindruck; das liegt am Trinkverhalten. Schweden trinken Alkohol meist nur am Wochenende – aber dann ordentlich! Die sonst so zurückhaltenden Skandinavier greifen dann kräftig zu. Nicht genießen, sondern sich betrinken, scheint das Ziel zu sein.

Durch Schwedens EU-Beitritt 1995 wurde die strikte Alkoholpolitik aufgeweicht. Seit 2004 gelten dieselben Einfuhrbestimmungen wie für den Rest Europas. Billigpreise in den Nachbarländern haben den Konsum deutlich ansteigen lassen. Eine Senkung der Alkoholsteuer ist nicht in Sicht.

ELCHE

Der Deutschen liebstes Tier ist der Elch – jedenfalls der deutschen Touristen, die sich auf alles stürzen, was nach Elch aussieht. Das stößt bei den Schweden oft auf Unverständnis. Kein Schwede würde sich etwa ein Elchwarnschild in den Garten stellen. Die Deutschen schon. Viele Elchschilder sind deshalb von schwedischen Straßen verschwunden. Dem dreisten Diebstahl, der den Staat bereits viel Geld gekostet hat, versucht man nun entgegenzuwirken. Seit einiger Zeit gibt es die Elchschilder auch zu kaufen. Doch nicht nur das. Eine regelrechte Elchindustrie ist entstanden – von peinlichen Elchmützen bis zu geschmackvollen Elchledergürteln.

Etwa 300 000 Elche gibt es in Schweden, doch in den letzten Jahren hat man u. a. in Skåne und Blekinge einen deutlichen Rückgang der Tiere verzeichnet, so dass man inzwischen erwägt, die jährliche Elchjagd dort auszusetzen. Die findet in Südschweden ab Mitte Oktober statt und ist an strenge Quoten gebunden.

Schwere Elchunfälle fordern immer wieder Verkehrsopfer. Deshalb sind viele Straßen und Autobahnen in Schweden durch Wildzäune gesichert. Wegen der Verkehrsunfälle und großer Schäden für Land- und Forstwirtschaft wird jedes Jahr rund ein Drittel der Elche zum Abschuss freigegeben.

Elche sind scheue Tiere mit sehr gutem Gehör und stark ausgeprägtem Geruchssinn. Ein ausgewachsener Bulle wiegt rund 500 kg. Er ist nicht gefährlich, nur Kühe mit Kälbern werden aggressiv und greifen an, wenn sie Gefahr wittern.

ERFINDER

Schweden hat viele Erfinder hervorgebracht. Ihre Arbeiten gelten als Basis für Schwedens Aufstieg zur Industrienation. Hier ein paar Namen von der langen Liste: Anders Celsius (Thermometer), Carl von Linné (Klassifikation von Pflanzen, Tieren und Mineralien), Lars Magnus Ericsson (Telefon), Johan Petter Johansson (verstellbarer Schraubenschlüssel), Gustaf Pasch (Sicherheitszündhölzer), Alfred Nobel (Dynamit), Sven Wingquist (Kugellager), Gideon Sundbäck (Reißverschluss), Ruben Rausing (Tetra Pak), Rune Elmqvist (Herzschrittmacher), Nils Bohlin (Drei-Punkt-Sicherheitsgurt). Auch heute werden kreative Köpfe kräftig unterstützt – u. a. von der Erfinderschule *Idéum* in Lidköping und dem Schwedischen Erfinderverein.

IKEA

Ingvar Kamprad vom Gut Elmtaryd in der Gemeinde Agunnaryd ist ein Selfmademan aus dem Herzen Südschwedens. Schon früh begann Kamprad Geschäfte zu machen. Erst mit Streichhölzern, dann mit Weihnachtskarten. 1943 ließ er Ikea als Firma eintragen, da war er 17 Jahre alt. 1948 annoncierte er zum ersten Mal Möbel von lokalen Möbelgeschäften – als Zwischenhändler. Die Resonanz war groß, Kamprad baute seinen Handel aus. 1958 eröffnete das erste Ikea-Möbelhaus im småländischen Älmhult.

> *www.marcopolo.de/suedschweden*

STICHWORTE

Kamprads Geschäftsidee ist simpel: Der Kunde muss mit anfassen. Nur so lassen sich Kosten sparen. Und Kamprad sparte, wo es nur ging. Ein typischer Småländer eben, denen Sparsamkeit bis zum Geiz nachgesagt wird. Heute beschäftigt Ikea 104 000 Mitarbeiter in 44 Ländern, bei einem Jahresumsatz von 17,8 und Geborgenheit. In einem landschaftlichen Idyll, in dem Kinder auf Bäume klettern, Erdbeeren auf Grashalme ziehen und auf dem Heuboden schlafen durften.

Doch Astrid Lindgren war nicht nur Schriftstellerin, sie hat sich auch immer für die Schwachen in der Gesellschaft engagiert, für Kinder, aber

Schönes Bullerbü: Astrid Lindgrens Bücherwelt ist in Südschweden längst Wirklichkeit

Mia. Euro. Die Sparsamkeit hat sich gelohnt!

ASTRID LINDGREN

Die beliebteste Kinderbuchautorin der Welt hat die besondere Stimmung ihrer Bullerbü-Geschichten mit ihrer glücklichen Kindheit erklärt. So wie in den Büchern soll sie gewesen sein: eine Kindheit voller Freiheit, Liebe auch für Tiere. Sie kämpfte für Frieden und Toleranz, initiierte politische Debatten zu Steuergesetzen und zum Tierschutz. 1994 wurde Astrid Lindgren mit dem Alternativen Nobelpreis ausgezeichnet. Den Nobelpreis für Literatur hat sie dagegen nie bekommen – trotz Millionen von Lesern.

Am 28. Januar 2002 ist Astrid Lindgren mit 94 Jahren in Stockholm gestorben. Seitdem wird jedes Jahr der Astrid-Lindgren-Memorial-Prize verliehen, der größte Kinder- und Jugendbuchpreis der Welt.

SCHLÖSSER UND HERRENHÖFE

Den Glanz vergangener Zeiten können Sie in Südschweden noch heute erleben: Viele imposante Schlösser, Herrensitze und Gutshöfe zeugen von Schwedens Geschichte als europäische Großmacht. Einst gehörten sie reichen Adligen oder berühmten Feldherren, die sich vorzugsweise nahe der drei großen Städte Göteborg, Malmö und Stockholm ihre Residenzen bauten, meistens in wunderschöner Lage am Wasser. Die höchste Schlösserdichte herscht in Skåne, aber auch rund um den Mälarsee liegen unzählige der historischen Gebäude. Viele würden heute im bürgerlichen Schweden leer stehen oder wären verfallen, wenn sie nicht in gemütliche Hotels oder moderne Konferenzzentren umgebaut worden wären. Einen großen Teil der Schlösser und Herrenhöfe können Sie besichtigen, andere haben ihre phantastischen Parks und Gärten tagsüber für Besucher geöffnet und bieten leckere Spezialitäten im Schlossrestaurant. Weitere Infos unter *www.skane.com*, *www.vastsverige.com*, *www.royalcourt.se*, *www.stockholmtown.com*, *www.countrysidehotels.se*

STEUERN

Die guten Sozialleistungen des schwedischen Wohlfahrtsstaats kosten viel und werden durch hohe Steuern finanziert. Mit einer Steuerbelastung von über 50 Prozent nimmt Schweden im internationalen Ver-

Standesgemäß: das opulente Theater im königlichen Schloss Drottningholm

STICHWORTE

gleich einen Spitzenplatz ein. Das macht sich auch im Alltag bemerkbar. Zum Beispiel beim Alkohol. Eine Flasche Absolut Wodka wird mit 81 Prozent besteuert, von den rund 24 Euro pro 700 ml-Flasche sind etwa 20 Euro Steuern. Auch die Mehrwertsteuer ist höher als in Deutschland. Sie beträgt 25 Prozent. Davon ausgenommen sind aber Lebensmittel (12 Prozent), Bücher oder Zeitschriften (6 Prozent).

WOHLFAHRTS-STAAT

Folkhemmet (Volksheim), Schwedisches Modell oder dritter Weg zwischen Kapitalismus und Sozialismus: Unter diesen Begriffen wurde der schwedische Wohlfahrtsstaat bekannt. Sozialdemokraten und Gewerkschaften hatten sich die Bildung einer klassenlosen Gesellschaft, einer Solidargemeinschaft auf die roten Fahnen geschrieben. Arbeit für alle, gerechte Verteilung und hoher Lebensstandard waren ihre Ziele. Mit dem sozialdemokratischen Ministerpräsidenten Per Albin Hansson wurde ab 1932 der Aufbau des Wohlfahrtsstaats eingeleitet. Die Blütezeit reichte bis in die 1970er-Jahre. Entscheidende, durch Steuern finanzierte Verbesserungen gab es bei Sozialleistungen, Altersfürsorge, Kinderbetreuung, in der Bildung, im Arbeitsleben, im Wohnungsbau und im Gesundheitswesen. Der Lebensstandard stieg, die Steuern auch.

In den 1970er-Jahren wurde das stete Wirtschaftswachstum durch internationale Ölkrisen gebremst. Erste Risse im *Folkhemmet* wurden sichtbar. Arbeitslosigkeit, hohe Inflation und Staatsverschuldung führten in Schweden Anfang der 1990er-Jahre zu starker Rezession. Eine durchgreifende Steuerreform, die Einführung eines neuen allgemeinen Rentensystems und ein harter Sparkurs waren die Folge. Die Regierung kürzte das Arbeitslosengeld und die Sozialhilfe, führte einen Karenztag in der Krankenversicherung ein und zwang die öffentliche Verwaltung zu massiver Kosteneinsparung. Anfang des 21. Jhs. hat sich die Lage verbessert, das schwedische Modell hat sich erholt. Mit einer Arbeitslosigkeit von 4,6 % (April 2007) steht Schweden vergleichsweise gut da. Doch die Krise ist noch nicht überstanden: Das Land ist Spitzenreiter beim Krankenstand (pro Arbeitnehmer im Schnitt 39,7 Tage) und bei der Frühverrentung in Europa. Besonders im Gesundheitssystem sind deutliche Mängel sichtbar. Lange Wartezeiten für Operationen etwa sorgen trotz eingeführter Behandlungsgarantie für Unzufriedenheit in der Bevölkerung. Dennoch: Schweden kann immer noch ein gutes Leistungssystem vorweisen und fortschrittliche Sozialgesetze, die etwa Behinderten das Recht auf kostenlose persönliche Betreuung garantieren. Man ist stolz auf die sozialen Errungenschaften des Landes wie etwa geringfügige Armut, funktionierende Kinderbetreuung und verbesserte Gleichstellung von Mann und Frau.

Auch außenpolitisch hat Schweden gepunktet: Neutralität, hohe Zahlungen für Entwicklungshilfe in der Dritten Welt und Vermittlung in internationalen Krisensituationen.

SONNENWENDE UND AALFINSTERNIS

Die Natur, die Jahreszeiten und uralte heidnische Bräuche bestimmen die schwedischen Feste

> Licht und Wärme oder saisonale Köstlichkeiten wie Krebs, Hering oder Aal sind in Schweden Grund zum Feiern. Heidnische Tradition, Natur und Jahreszeiten haben für die wichtigsten schwedischen Feste eine größere Bedeutung als Religion und Kirche. Auch wenn die Schweden längst keine Heiden mehr sind: Die uralten Feste werden auch heute noch im ganzen Land ausgiebig gefeiert. Kirchliche Höhepunkte begehen die Schweden ähnlich wie wir. Der Grund: Deutsche Bräuche und Feiern haben das Land lange Zeit beeinflusst, etwa durch die Hansezeit. Es gibt auch viele regionale Feste, die man meist im Sommer feiert: mit Märkten, Umzügen, mittelalterlichen Festspielen, Sport- und Stadtfesten, Tanz und Folklore. Auskünfte erteilen die lokalen Touristenbüros.

FEIERTAGE

1. Jan. *Nyårsdagen* (Neujahr); **6. Jan.** *Trettondagen* (Heilige Drei Könige); *Långfredag* (Karfreitag); *Påskdagen* (Ostersonntag); *Annandag påsk* (Ostermontag); **1. Mai** *Första Maj* (Tag der Arbeit); *Kristi himmelfärds dag* (Christi Himmelfahrt); *Pingst* (Pfingsten); **6. Juni** Nationalfeiertag; *Midsommardagen* (Mittsommertag); **1. Nov.** *Alla helgons dag* (Allerheiligen); **25. Dez.** *Juldagen* (Weihnachten); **26. Dez.** *Annandag jul* (zweiter Weihnachtstag)

FESTE

Januar
Göteborg filmfestival: Größte Filmveranstaltung des Nordens mit internationalen Filmen. www.filmfestival.org

April
Valborgsmässoafton (Walpurgisnacht): Mit großen Feuern und traditionellen Studentenliedern wird am 30. April der Frühling begrüßt.

Juni
Hultsfredfestival: Schwedens größtes Rockfestival mit internationalen und schwedischen Rockgrößen im småländischen Hultsfred. www.rockparty.se

> EVENTS
FESTE & MEHR

★ *Midsommar*: Das wichtigste Fest Schwedens an dem dem 21. Juni nächstgelegenen Wochenende hat seinen Ursprung in den Sonnenwendfeiern. Traditionell wird die mit Birkengrün geschmückte Mittsommerstange *(majstång)* aufgestellt. Mit Volksmusik, Tanz und viel Alkohol freut man sich im ganzen Land über den hellsten Tag des Jahres. Da wird kein Auge zugetan!

Juli

StockholmJazz Festival: Internationale Spitzenmusiker spielen Ende Juli eine Woche lang auf der Insel Skeppsholmen in Stockholm. *www.stockholmjazz.com*

August

Göteborgs Kulturkalas und *Malmö Festival*, riesige Stadtfestivals in Göteborg *(www.goteborgskalaset.se)* und Malmö *(www.malmofestivalen.se)*. Eine Woche lang feiert man in beiden Städten mit viel Musik, Tanz, Feuerwerk, sportlichen Aktivitäten und kulinarischen Spezialitäten.

Mittelalterwoche in Visby in der 32. Woche: Uralte Traditionen leben auf. Gaukler, Märkte, Ritterspiele. Fast alle Besucher sind mittelalterlich gekleidet.

★ *Kräftskiva*: Der Saisonbeginn für Flusskrebse und das Ende des Sommers werden im August in ganz Schweden mit dem Krebsfest begangen.

Ålagille: traditionelles Aalfest in Skåne, mit dem die „Aalfinsternis", die beste Zeit fürs Aalfischen, gefeiert wird.

Dezember

Nobelpreisverleihung in Stockholm am 10. Dezember durch König Carl XVI. Gustaf

★ *Lucia*: Sie bringt das Licht ins Winterdunkel. Vor langer Zeit hielt man den 13. Dezember für den kürzesten Tag des Jahres. Deshalb feiert man dann auch heute noch das Luciafest. Junge Mädchen in langen, weißen Gewändern und der typischen Lichterkrone auf dem Kopf ziehen mit Gefolge singend durch Schulen und Altenheime, verteilen Pfefferkuchen und Glühwein.

> HERING, LACHS UND KNÄCKEBROT

Herzhafte Genüsse aus dem Meer, den dichten Wäldern, von Wiesen und Feldern

> Einfach und deftig: Dass Schweden lange Zeit ein armes Bauernland war, in dem es nicht um besondere Gaumengenüsse ging, sondern darum, satt zu werden, erkennt man immer noch an der Küche. Kartoffeln, Fleisch und Fisch, besonders Hering und Lachs in allen Variationen, gehören traditionell zur schwedischen Hausmannskost.

Doch die Zeiten haben sich bekanntlich geändert, und inzwischen haben viele Köche Schweden kulinarisch durchaus interessant gemacht und mit moderner schwedischer Küche internationale Wettbewerbe gewonnen. Die Gerichte wurden dem allgemeinen Trend angepasst, sind leichter und exklusiver geworden. Allerdings haben sie auch ihren Preis.

Berühmt ist nach wie vor das schwedische *smörgåsbord,* das seinen Namen einem simplen belegten Brot verdankt, dem *smörgås.* Doch das ist weitaus abwechslungsreicher

> *www.marcopolo.de/suedschweden*

ESSEN & TRINKEN

und wohlschmeckender, als man dem Namen nach vermuten würde. Das *smörgåsbord* ist ein üppiges Buffet voller kalter und warmer Köstlichkeiten: Hering in allen Variationen, marinierter, geräucherter oder gekochter Lachs, Krabben *(räkor),* Schinken, Sülze, Pasteten, verschiedene warme Fleisch- und Fischgerichte. Und natürlich Käse und Desserts wie Obstsalat, Pudding, Kompott, frische Früchte, Kuchen und Gebäck.

Brot wird in Schweden oft als Beilage zum warmen Gericht gegessen. Für den deutschen Geschmack ist es meist zu süß, denn es wird oft mit Sirup gebacken. Es gibt aber auch ungesüßtes dunkles Brot und natürlich Knäckebrot (von *knäcka,* d. h. brechen), ein Produkt traditioneller Konservierungsmethoden.

Traditionen und Bräuche sind in Schweden tief verwurzelt, auch wenn es ums Essen geht. Das kulinarische

Jahr hat viele Höhepunkte, die ausgiebig begangen werden. Mittsommer im Juni zum Beispiel, der höchste Feiertag. Dann kommen eingelegte Heringe und neue Kartoffeln mit viel Dill auf den Tisch und die ersten frischen Erdbeeren mit Schlagsahne. Oder der Beginn der Krebssaison im August. Da kommen die knallroten, in viel Dill gekochten Flusskrebse auf den Tisch. Im Herbst, wenn ganz Schweden auf die Jagd geht, füllen sich die Gefriertruhen mit Wild. Hase, Reh, Hirsch und Elch kommen dann häufig auf den Teller. Vor allem Elch ist eine absolute Delikatesse.

> SPEZIALITÄTEN
Genießen Sie die typisch schwedische Küche!

älg – Elch. Als *älggryta,* Elchgulasch, oder *älgstek*

gravad lax – in Zucker, Salz und Dill gebeizter Lachs. Wird mit Honig-Senf-Soße serviert (Foto)

gul ärtsoppa med fläsk – gelbe Erbsensuppe mit Speck. Traditionelles Donnerstagsessen

Janssons frestelse – Klassiker. Kartoffelauflauf mit Anchovis, Zwiebeln und Sahne

kanelbullar – Hefegebäck mit Zimt

köttbullar – kleine gebratene Fleischbällchen. Es gibt sie mit *gräddsås,* Sahnesoße, und *lingon,* Preiselbeeren.

kräftor – Flusskrebse. Werden mit viel Dill gekocht und mit Toast und Butter gegessen.

lpannkakor med sylt och grädde – Pfannkuchen mit Marmelade und Sahne. Der obligatorische Nachtisch nach Erbsensuppe

pytt i panna – klassisches Gericht aus gewürfelten Kartoffeln, Wurst- und Fleischstückchen mit einem Spiegelei obendrauf. Dazu isst man Rote Bete.

räkor – Krabben

sill – Hering. Viele Variationen: als *senapsill,* eingelegt in süßsaure Senfsoße, *glasmästarsill,* mit Zwiebeln und Lorbeerblatt, geräuchert oder gebraten

skagenröra – Füllung mit Krabben, Dill, Zwiebeln und Mayonnaise. Gibt es z. B. zu Folienkartoffeln.

spettekaka – Baumkuchen aus Eiern und Zucker, der auf einem rotierenden Spieß über dem offenen Feuer gebacken wird.

västkustsallad – Westküstensalat mit Krabben, Muscheln, Champignons, Salat und Tomaten

ESSEN & TRINKEN

In Skåne (Schonen) begrüßt man den dunklen Herbst mit dem traditionellen Aalfest, *ålagille*. Dann gibt es Aal, der auf verschiedenste Weise zubereitet wird: gepökelt, in feuchtem Stroh geräuchert, gekocht, gebraten oder in Aspik. Eine weitere Tradition in Skåne ist das Martinsgansessen am 10. November. Dazu wird Rotkohl aufgetischt, den man mit Pflaumen und Äpfeln kocht.

Zu *lucia*, am 13. Dezember, trinken die Schweden den ersten *glögg*, einen mit Zimt und Nelken gewürzten, süßen Glühwein, und essen *lussekatter*, ein Hefegebäck mit Safran. Das *julbord* zu Weihnachten ist ein ähnlich üppiges Buffet wie das *smörgåsbord*. Es wird durch einige obligatorische Gerichte ergänzt, die es nur zu Weihnachten gibt, zum Beispiel den traditionellen Weihnachtsschinken (*julskinka*).

Die Schweden essen relativ früh zu Mittag *(lunch)*, schon ab 11.30 Uhr. In vielen Restaurants bekommt man dann ein *dagens rätt* (Tagesgericht), das aus einem warmen Hauptgericht, Salat, Brot, einem alkoholfreien Getränk und Kaffee besteht – ein günstiges Angebot ab ca. 80 SEK bei den sonst ziemlich hohen Restaurantpreisen. Auch das Abendessen, das irreführenderweise *middag* heißt, gibt es früher als in anderen Ländern, bereits zwischen 17 und 18 Uhr.

Zu Hause trinken die Schweden dazu alltags gern Limonade *(läsk)*, Milch *(mjölk)* oder Bier *(öl)* mit wenig Alkohol, das man im Supermarkt kaufen kann. Bier gibt es in verschiedenen Stärken: als *lättöl* (mit maximal 2,25 Prozent Alkohol), *folköl* (2,25 bis 3,5 Prozent), *mellanöl* (max. 4,5 Prozent) und *stark öl* (ab 4,5 Prozent).

In den großen Städten sind die Restaurants oft überfüllt, reservieren! Der Platz wird einem üblicherweise vom *hovmästare*, dem Oberkellner, zugewiesen. Trinkgeld in der Höhe wie in Deutschland ist nicht üblich, aber man freut sich, wenn Sie den Betrag aufrunden. Rauchen ist in Restaurants und Cafés verboten.

Starker Kaffee wird in Schweden sehr viel getrunken, auch noch spät abends. In vielen Cafés bezahlt man einmal für eine Tasse und darf sich dann so oft man will nachholen (*påtår*). In den meisten Cafés gilt übrigens Selbstbedienung.

Wer aufs Essen gehen angewiesen ist und die hohen Preise scheut, sollte die etwas günstigeren asiatischen Restaurants ausprobieren.

Beliebter schwedischer Kraftstoff: „öl"

SCHLICHT UND ERGREIFEND SCHÖN

Schwedisches Design hat Tradition und steht derzeit auch international hoch im Kurs

› Ob auf dem Land oder in der Großstadt, überall finden Sie in Südschweden originelle und schöne Geschenke. Was Mode angeht, sind Outfits schwedischer Labels wie Tiger of Sweden, Whyred und Acne Jeans einfach ein Must have. Make-up-Fans besuchen eine Filiale von Face Stockholm, ein schwedischer Kosmetikhersteller, dessen Naturprodukte von internationalen Models benutzt werden. Achten Sie beim Einkaufen auf Sonderpreishinweise, wie *REA*, *Fynd* oder *Extrapris*. Viele Firmen bieten auch Fabrikverkauf mit Produkten zweiter Wahl an.

ANTIKES

Fahren Sie über Land, entdecken Sie immer wieder Schilder mit *Antik* oder *Loppis* (Flohmarkt). Falls Sie Trödel mögen, sollten Sie unbedingt anhalten, denn hier finden Sie alles, von alten Bauernmöbeln bis zu 1960er-Jahre-Lampen. Sehr beliebt sind Auktionen, vor allem im Sommer, wenn die Schweden selbst im Land unterwegs sind. Richtige Antiquitäten gibt es allerdings eher selten.

BÜCHER

Schöne Mitbringsel sind Bildbände über Schweden und Stockholm wie etwa *Stockholm Horizons* (Jeppe Wikström), *Sverigeboken* (Bobby Andström) oder *Sweden from above* (Lars Bygdemark).

DESIGN

Für Designinteressierte bietet Schweden jede Menge schöner Dinge. Das Land ist zu einem der führenden Länder in Sachen Gestaltung aufgestiegen, sein typisches Design zeichnet sich durch Schlichtheit, Funktionalität und klare Formen aus. Viele Designer sind im Ausland noch unbekannt, so dass Sie hier noch Originelles, Individuelles und qualitativ Hochwertiges entdecken können. In den größeren Städten gibt es ein breites Angebot interessanter Geschäfte für Mode, Einrichtung, Dekoration, Möbel und Schmuck.

ELCHE

Wer gar nicht vom Elch lassen kann, findet viele Souvenirs rund um den König der schwedischen Wälder – von kitschig

> EINKAUFEN

bis geschmackvoll. Der Elch thront überall: auf T-Shirts, Taschen, Tassen und Servietten, es gibt ihn aus Holz, Stoff oder Leder, aber auch echtes Fell und Geweih werden angeboten. Oder Elch zum Essen – als Elchwurst, Elchsteak oder Elchschinken.

GLAS

Für mundgeblasenes Glas berühmter Glashütten im småländischen Glasreich wie Kosta, Boda oder Orrefors ist Schweden international bekannt. Hier können Sie zuzusehen, wie das Glas hergestellt wird, und es günstig direkt ab Fabrik kaufen. Läden mit schwedischem Glas und Kristall – von modern bis klassisch – finden Sie aber auch in den Großstädten.

KULINARISCHES

Eine südschwedische Spezialität ist z. B. *hjortronsylt*, eine Marmelade aus den süß-säuerlichen, gelb-roten Moltebeeren, die in den Mooren wachsen. Oder *hovmästarsås*, die süße Senfsauce, die man zum *gravad lax* isst.

KUNSTHANDWERK

Das Angebot ist riesig: Traditionelles und modernes Kunsthandwerk wie etwa Steingut, Weihnachtsbaumschmuck aus Spanholz oder das weltberühmte Dalapferd aus dem mittelschwedischen Dalarna sind prima Mitbringsel.

MUSIK

Schweden hat neben ABBA und Roxette noch viele andere erfolgreiche Künstler hervorgebracht, Sofie Zelmani, Anna Ternheim, The Ark, The Hives, Mando Diao, Sahara Hotnights, Viktoria Tolstoy oder das Esbjörn Svensson Trio z. B. Klassikfreunden sind Werke von Hugo Alfvén oder Franz Berwald zu empfehlen. Echte schwedische Folkmusik finden Sie in der Serie *Phono Sveciae* *(www.mic.stim.se)*.

TEXTILIEN

Schöne Leinenwaren wie Tischdecken, Servietten und Küchenhandtücher aus schlichtem, hochwertigem Material gibt es in vielen Farben und Mustern überall zu kaufen.

28 | 29

> FACHWERKSTÄDTCHEN UND BADESTRÄNDE

Prächtige Schlösser, Fischräuchereien und tolle Segel- und Bademöglichkeiten: Hier finden Sie eine gelungene Kombination von Natur und Kultur

> **Wogende Getreidefelder, sattgrüne Wiesen, weiß gekalkte Giebelkirchen, mittelalterliche Burgen und imposante Schlösser prägen Skåne (Schonen), die für schwedische Verhältnisse dicht besiedelte Kornkammer des Landes.**

Landschaftlich ganz anders präsentiert sich Blekinge, der kleine Küstenabschnitt östlich von Skåne. Hier finden Sie eine wild zerklüftete Küste mit Schwedens südlichstem Schärengarten, einem echten Seglerparadies, lange Strände, dichte Wälder, fruchtbares Acker- und Kulturland.

Skåne und Blekinge bieten kulturhistorische Schätze und landschaftliche Highlights. Beide Regionen gehörten lange Zeit zu Dänemark. Auch heute noch spüren Sie deutlich den dänischen Einfluss, besonders in Skåne. Am breiten Dialekt, der offenen Lebensart und der deftigen Küche. Skåne ist bekannt für sein gutes

Bild: Der weiße Strand von Sandhammaren

DIE SÜDKÜSTE

Essen. Besucher schätzen auch die kilometerlangen, kinderfreundlichen Sandstrände.

KARLSKRONA

[123 E3–4] **Alte Residenzstadt in Blekinge mit phantastischem Schärengarten. Geschützt durch die vielen Inseln, erlangte sie wichtige strategische Bedeutung.** König Karl XI. ließ die Stadt 1680 als Flottenhauptquartier anlegen. Noch heute ist sie Marinestützpunkt und Sitz der Marineakademie. 1998 wurde Karlskrona (62 000 Ew.) wegen ihrer Verteidigungsanlagen ins Weltkulturerbe der Unesco aufgenommen.

SEHENSWERTES
ADMIRALITÄTSKIRCHE ULRICA PIA
Das älteste Gebäude Karlskronas stammt von 1685 und gilt als größte Holzkirche Schwedens. Davor steht

KARLSKRONA

der Alte Rosenbom, eine Holzfigur, die früher als Spendenbüchse diente.

MARINMUSEUM
Dokumentiert die Geschichte der schwedischen Marine und der Marinewerft Karlskronas. Neben Waffen, nautischem Gerät und Galionsfiguren gibt es einen Untwasserwagang zu einem Schiffswrack. *Mitte Juni bis Mitte Aug. tgl. 10–18, Mitte Aug. bis Mitte Juni Di–So 11–17 Uhr | Eintritt frei | auf der Insel Stumholmen | www.marinmuseum.se*

STORTORGET
Dieser riesige Marktplatz wurde einst von König Karl XI. für Militärparaden angelegt. Umrahmt wird der Stortorget von der barocken Fredrikskyrkan von 1744, der *Trefaltighetskyrkan* aus dem Jahr 1802 und dem *Rathaus*.

ESSEN & TRINKEN
LISAS SJÖKROG
Schwimmendes Restaurant mitten in Karlskrona mit leckeren, preiswerten Fisch- und Fleischgerichten. *Mai–Aug. | Fisktorget | Tel. 0455/234 65 | www.lisassjokrog.se | €*

Vom Leben der Galionsfigur in modernen Zeiten: gestrandet im Marinmuseum

EINKAUFEN
STURKÖ RÖKERI
So frisch wie in dieser Räucherei auf der Schäreninsel Sturkö (Ryd) bekommen Sie Ihren Räucherfisch bestimmt nur selten. *Mo–Fr 10–18, Sa 10–15, Ende Juni–Anfang Aug. So 11–15 Uhr | E 22 Richtung Sturkö-Tjurkö | www.sturko.com*

> *www.marcopolo.de/suedschweden*

DIE SÜDKÜSTE

ÜBERNACHTEN

PARK INN KARLSKRONA 〜
Direkt am Gästehafen gelegenes modernes Hotel mit maritimem Flair. *80 Zi. | Skeppsbrokajen | Tel. 0455/ 36 15 00 | Fax 36 15 09 | www.karls krona.parkinn.se | €€*

AM ABEND

STOLTZ ▶▶
Casino, Livekonzerte von House bis Rock (Do/Fr), Nachtclub (nur Sa 23– 3 Uhr). *Mindestalter 22 Jahre | Eintritt 80 SEK | Borgmästaregatan 17 | www.stoltznattklubb.se*

AUSKUNFT

KARLSKRONA TURISTBYRÅ
Stortorget 2 | Tel. 0455/30 34 90 | Fax 30 34 94 | turistbyran@karlskro na.se | www.karlskrona.se/turism | www.blekingeturism.com

ZIELE IN DER UMGEBUNG

ASPÖ, TJURKÖ, STURKÖ [123 E4]
Eine Schärentour zu Schwedens südöstlichster Ecke vor den Toren Karlskronas lohnt sich. Originelle Übernachtungsadresse ist der 20 m hohe **Lotsenturm** auf Aspö (*5 Zi. mit je 4 Betten | Lotstornet | Drottningskär | Tel. 0455/33 90 16 | Fax 33 92 72 | www.lotstornet.se | €–€€*). **Insider Tipp**

KARLSHAMN [123 D3–4]
Aus der alten Hafenstadt (31 000 Ew.) brachen im 19. Jh. etliche Schweden nach Amerika auf. Daran erinnert das *Denkmal am Hamnparken.* In Karlshamns *Kulturkvarter,* dem historischen Stadtviertel, liegt in der ehemaligen Punschfabrik das *Punschmuseum (Mo–Fr 13–16, Mitte Juni– Mitte Aug. Mo–Fr 12–17 Uhr | Eintritt 20 SEK | Vinkelgatan 8 | www. karlshamnsmuseum.se).* Hier wurde der berühmte süße *Carlshamns Flaggpunsch* hergestellt, der kalt getrunken wird. Auskunft: *Karlshamns Turistbyrå (Ronnebygatan 1 | Tel. 0454/812 03 | Fax 812 25 | www. karlshamn.se).* 50 km westlich

KRISTIANSTAD [123 D4]
Die Renaissancestadt (76 000 Ew.) wurde vom Dänenkönig Christian IV.

MARCO POLO HIGHLIGHTS

★ **Mörrumsån**
In diesem Fluss gibt's Lachse satt (Seite 34)

★ **Österlen**
Idyllischer Landstrich rund um den pittoresken Fischerort Simrishamn (Seite 40)

★ **Åhus**
Mittelalterliches Küstenstädtchen, bekannt für Aal und Absolut Wodka (Seite 38)

★ **Glimmingehus**
Imposante Burg aus dem Mittelalter (Seite 39)

★ **Ales stenar**
Riesige Steinsetzung in Form eines Wikingerschiffs (Seite 38)

★ **Ystad**
Ausgerechnet das malerische Städtchen aus dem Mittelalter ist Tatort blutrünstiger Krimis (Seite 41)

32 | 33

MALMÖ

als Festung 1614 gegründet. Die *Trefaldighetskyrkan* gilt als schönste Renaissancekirche Nordeuropas. Ein ehemaliger Pferdestall beherbergt das *Regionmuseet* Kristianstad mit Kunsthalle und Filmmuseum *(Sept.–Mai Di–So 12–17, Juni–Aug. tgl. 11–17 Uhr | Eintritt frei | Stora Torg | www.regionmuseet.m.se)*. 110 km westlich

MÖRRUM/MÖRRUMSÅN [123 D4]
Der ★ Mörrumsån, 60 km westlich von Karlskrona, gehört zu den besten Lachsgewässern Schwedens. *Laxens Hus (April–Okt. tgl. 9–17 | Eintritt 65 SEK)* zeigt die Entwicklung des Edelfisches vom Laich bis zum ausgewachsenen Lachs. Fischkarten: *Sportfiskekontoret (Mörrums Kronolaxfiske | Mörrum | Tel. 0454/501 23 | www.morrum.com)*

SÖLVESBORG [123 D4]
Schwedens ältestes mittelalterliches Städtchen (16 600 Ew.) liegt knapp 90 km westlich von Karlskrona. Wunderschön ist eine Tour auf die Listerland-Halbinsel mit vielen Badestränden, Fischräuchereien und malerischen Fischerdörfern. Mit der Fähre *(Tel. 0414/ 149 58 | www.blekingetrafiken.se)* kommen Sie ab Nogersund mehrmals täglich auch zur 6 km entfernten autofreien Leuchtturminsel *Hanö*. (**Insider Tipp**) Übernachten Sie in der früheren Wohnung des Leuchtturmwärters *(2 Apts. für je 4–6 Pers. | Tel. 0456/530 14 | €)* oder im *Hanö Vandrarhem (7 Zi. | 24 Betten | Tel. 0456/530 00 | www.hano.nu. | €)*. Auskunft: *Sölvesborg Turistbyrå (Stadshuset | Repslagaregatan 1 | Tel. 0456/100 88 | Fax 125 05 | www.solvesborg.se)*

MALMÖ

KARTE SEITE 124/125

[122 C5] Historisch, modern, international: So präsentiert sich Schwedens drittgrößte Stadt (276 000 Ew.). Gleichzeitig ist sie Hauptstadt und größtes Wirtschaftszentrum der Region Skåne. Auch Schonen gehörte bis 1658 zu Dänemark. Der dänische Einfluss und die Nähe zum Kontinent sind immer noch zu spüren: Hier ist alles etwas lebendiger und offener als im übrigen Schweden. Das Klima ist milder, die Menschen sind gesprächiger – Grund für eine hohe Kneipendichte! Gut zu dieser Weltoffenheit passt auch der Bau der Öresundbrücke. Seit 2000 verbindet sie Malmö mit Kopenhagen. Zusammen bilden beide Städte ein großes Wirtschafts- und Kulturzentrum in Nordeuropa. Grüne Parks, lange Kanäle, kontrastreiche Architektur vom mittelalterlichen Fachwerk bis zum „Turning Torso", einem 190 m hohen, modernen Büro- und Wohnkomplex im neuen, spannenden Stadtteil Västra Hamnen – die alte Arbeiterstadt bietet bunte Vielfalt und ein breites Angebot für alle Kunst-, Kultur- und Designinteressierten.

■ SEHENSWERTES

Die *Malmökortet* (Malmö-Karte) für ein bis drei Tage erlaubt freies Parken auf bestimmten Parkplätzen, kostenlose Benutzung der Stadtbusse und freien Eintritt in einige Museen. Das Ticket für den Öresundzug nach Kopenhagen erhalten Sie mit dieser Karte verbilligt (20 Prozent). Sie ist in den Touristenbüros erhältlich.

> *www.marcopolo.de/suedschweden*

DIE SÜDKÜSTE

MALMÖHUS SLOTT [124 B5]
Der dänische König Christian III. ließ 1536 bis 1542 Schloss Malmöhus errichten, das älteste erhaltene Renaissanceschloss des Nordens. Heute sind hier verschiedene Museen untergebracht: Das *Teknikens- och Sjöfartens Hus* mit Wasserfahrzeugen von der Wikingerzeit bis zum U-Boot aus dem Zweiten Weltkrieg.

Das *Konstmuseet* (Kunstmuseum) beherbergt eine große Sammlung skandinavischer Kunst des 20. Jhs. Von der Steinzeit bis zum Mittelalter können Sie im *Stadshistoriskt museum* die Geschichte Malmös und Skånes verfolgen. *Tgl. 12–16, Juni–Aug. tgl. 10–16 Uhr | Eintritt 40 SEK (gilt für alle Museen) | Malmöhusvägen | www.malmo.se/turist*

LILLA TORG [125 D5]
Kopfsteingepflasterte Gassen und alte Fachwerkhäuser umrahmen diesen malerischen Platz mit vielen kleinen Läden, Kneipen und Restaurants. In der *Saluhall* (Markthalle) können Sie sehr gut einkaufen und essen.

ST. PETRIKYRKAN [125 D–E4]
Die gotische Backsteinkirche aus dem 14. Jh. ist das älteste Bauwerk der Stadt Malmö. Sehenswert sind besonders die Kalkmalereien der Spätgotik an Wänden und Gewölbe der Krämerkapelle, die Kanzel aus dem Jahr 1599 sowie der große Barockaltar.

STORTORGET [125 D5]
Der Platz bildet das Zentrum von Malmös *Gamla Stan,* der Altstadt, die mit Wassergräben und Kanälen umgeben ist. Das *Reiterdenkmal*

Turning Torso: Wer hat da dran gedreht?

MALMÖ

zeigt Karl X. Gustav, der 1658 Skåne mit Schweden vereinigte.

ESSEN & TRINKEN

CAFÉ SIESTA [124 C5]

Caféklassiker, Bar und Restaurant in Gamla Väster, beliebt bei Malmös Kulturelite, schön zum Draußensitzen. *Hjorttackegatan 1 | Tel. 040/611 10 27 | www.siesta.nu | €–€€*

JOHAN P SALUHALLENS FISKRESTAURANG [125 D5]

Eines der besten Fisch- und Schaltierrestaurants in Malmö. *Saluhallen am Lilla torg | Landbygatan 3 | Tel. 040/97 18 18 | www.johanp.nu | €€–€€€*

>LOW BUDGET

> Für 15 SEK (gilt für 1 Std.) können Sie mit dem Malmöer Ringlinienbus Nr. 3 viele Sehenswürdigkeiten der Stadt entdecken. Abfahrt z. B. am Hauptbahnhof

> Von Karlskrona aus fährt im Sommer eine Autofähre gratis auf die Insel Aspö. *Ab Handelshamnen | Mitte Juni–Mitte Aug. | Skärgårdstrafiken | Tel. 0455/783 30 | www.affv.se (unter privatkund, båttrafik)*

> Die meisten Konzerte der *Musikhögskolan* in Malmö sind kostenlos. Konzertsäle im *Ystadvägen 25 | Anmeldung unter Tel. 040/325409 | www.mhm.lu.se*

> Günstiges Sightseeing bietet in Karlskrona der kleine Zug *Centrumtåget.* Für 20 SEK geht's durch die ganze Stadt. *Juni –Aug. | nur bei gutem Wetter | Start am Klaipedaplatsen, nahe Stortorget*

MISO VEGOKÖK [0] Insider Tipp

Vegetarische Speisen aus phantastischen Zutaten, kreativ zubereitet. *Brogatan 11 | Tel. 040/30 66 63 | www.miso-vego.se | €€*

EINKAUFEN

Malmös größtes Shoppinggebiet [125 D5–6] reicht von der Fußgängerzone am *Stortorget* über den *Gustav Adolfs torg,* die *Södra Förstadsgatan* bis zu den Plätzen *Triangeln* und *Möllevångstorget.*

Zu den großen Einkaufstempeln zählen *Caroli, Baltzar City, Åhléns, Triangeln* und die *Konzeptgalleri Storgatan.* Designfans sollten unbedingt den *Designtorget* [125 D6] *(Södra Vallgatan 3)* und das *Form Design Center* [125 D5] im alten Fachwerkhof *Hedmanska Gården (Lilla Torg)* besuchen. Kunsthandwerk finden Sie bei *Formargruppen* [125 D5] *(Engelbrektsgatan 8).* Schönes Glas (Ausstellung und Shop) gibt es im *Glashuset Design Studio, Carlsgatan 54* [0], hier können Sie auch selbst das Glasblasen versuchen! Das Edelkaufhaus *Hansa Companiet* [125 D5] *(Stora Nygatan)* bietet auf drei Etagen kleine, exklusive Läden, u. a. mit Mode. Sonntags *(Mai–Aug. 10–16 Uhr)* gibt es einen großen Flohmarkt auf dem *Drottningtorget* [125 F4]. Sowohl Trendiges als auch Secondhand finden Sie rund um den *Davidhallstorg* [0].

ÜBERNACHTEN

Erkundigen Sie sich nach dem günstigen Malmöpaket! Darin sind bis zu drei Hotelübernachtungen mit Frühstück sowie die *Malmökortet* enthalten.

DIE SÜDKÜSTE

Form Design Center – innen und außen sehenswert

THE MAYFAIR HOTEL [125 D4]
Moderne Zimmer in historischem Ambiente mit Frühstück im mittelalterlichen Kellergewölbe – mitten im Zentrum. *70 Zi. | Adelgatan 4 | Tel. 040/10 16 20 | Fax 10 16 25 | www.themayfairhotel.se | €€–€€€*

HOTELL ROYAL [124 C5]
Kleines, gemütliches Hotel mit schönem Innenhof in zentraler Lage. *38 Zi. | Norra Vallgatan 94 | Tel. 040/664 25 00 | Fax 12 77 12 | www.bwhotelroyal.se | €€*

VILLA HILLERÖD [0]
Kleine, persönliche Jugendherberge im Westen Malmös. *8 Zi. | 26 Betten | Ängdalavägen 38 | Tel. 040/26 56 26 | Fax 98 75 05 | www.villahillerod.se | €*

■ FREIZEIT & SPORT
BADEN [0]
Im Ribersborgs Kallbadhus können Sie im kalten Meerwasser neue Kräfte tanken *(2 km südlich vom Zentrum | Tel. 040/23 03 66 | www.ribban.com)*

BOOTSTOUR
Mit dem Boot *Rundan* erleben Sie eine spannende Rundfahrt um die Malmöer Altstadt *(45 Min.)*. Führungen gibt es auch auf Deutsch (Abfahrt im Sommer vom Bootskai beim Hotel Savoy | *Tel. 040/611 74 88)*. Beim *Malmö Kanotklubb* können Sie sich aber auch ein Kanu oder Kajak mieten und selbst durch die Kanäle paddeln *(Malmöhusvägen | Turbinbron | Tel. 040/97 20 47)*.

■ AM ABEND
JERIKO [0]
Jazzkonzerte, Weltmusik, verschiedene Clubs in einer ehemaligen Kirche. *Spångatan 38 | www.jeriko.info*

SLAGTHUSET [0]
Skandinaviens größter Nachtclub. *Fr/Sa 24–5 Uhr | Eintritt 90 SEK |*

MALMÖ

Mindestalter Fr 20 | Sa 23 Jahre | Jörgen Kocksgatan 7 A | www.slagthuset.se

AUSKUNFT

MALMÖ TURISM [125 D4]
Centralstationen (Hauptbahnhof) | Skeppsbron | Tel. 040/34 12 00 | Fax 34 12 09 | www.malmo.se/turist und Skånegården | 900 m diesseits der Öresundbrücke | Tel. 040/34 12 00. Informationen über Skåne unter *www.skane.com*

ZIELE IN DER UMGEBUNG

ÅHUS ★ [123 D4]
Das mittelalterliche Küstenstädtchen (10 500 Ew., 120 km nordöstlich von Malmö) ist bekannt für fette, frisch geräucherte Aale. Außerdem wird hier der berühmte schwedische Absolut Wodka hergestellt.

Herrliche, gut für Kinder geeignete Sandstrände finden Sie bei *Äspet*, südlich des Zentrums. Wer den berühmten *spettekaka* (Baumkuchen) probieren möchte, ist in der Spettkaksbageriet *(tgl. | neben dem Café)* in *Vittskövle*, 16 km südöstlich von Åhus richtig.

Insider Tipp

ALES STENAR ★  [123 D5]
Die größte Steinsetzung (von Menschen aneinander gereihte Steine) Skandinaviens in Form eines riesigen Wikingerschiffs liegt nahe dem kleinen Fischerdorf *Kåseberga*, knapp 80 km östlich von Malmö. 59 riesige Steinblöcke formen den Grundriss eines 67 m langen und 19 m breiten Schiffs. Sie wurden sehr wahrscheinlich vor 1500 Jahren von den Wikingern dorthin gebracht und dienten als Kult- oder Opferstätte *(www.raa.se)*.

FOTEVIKEN [122 C5]
Auf historischem Grund steht dieses lebendige Wikingerdorf ca. 30 km südlich von Malmö. Hier können Sie im Sommer wie ein echter Wikinger leben, sich im Schiffsbau üben oder

Insider Tipp

3000 Jahre alte Steintafeln im Königsgrab aus der Bronzezeit in Kivik

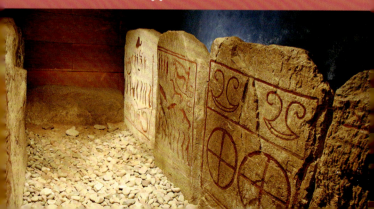

DIE SÜDKÜSTE

Hat die Form eines Wikingerschiffs: Ales stenar – die größte Steinsetzung in Skandinavien

eines der zahlreichen Handwerke ausprobieren. Übernachten können Sie vor Ort *(Juni–Aug. tgl., sonst nur Mo–Fr 10–16 Uhr | Eintritt 60 SEK | Museivägen 24 | Höllviken | www.foteviken.se)*

GLIMMINGEHUS ★ [123 D5]

Über 2 m dick sind die Außenmauern der imposanten Festungsanlage rund 90 km östlich von Malmö bei Simrishamn. Skandinaviens besterhaltene Burg mit einer Höhe von 26 m und drei Geschossen wurde um 1500 errichtet. Heute wird das mittelalterliche Ambiente u. a. für Ritterspiele oder Festmähler genutzt *(Mitte April–Mai, Sept. tgl. 11–16, Juni–Aug. tgl. 10–18 Uhr | Eintritt 60 SEK | Infos unter Tel. 0414/186 20 | www.raa.se)*.

KIVIK [123 D4]

Ein Meer von Blüten erwartet Sie im Frühling im schwedischen Zentrum des Apfelanbaus (2300 Ew., ca. 100 km östlich von Malmö) nahe Simrishamn. Im *Äpplets Hus (April tgl. 10–16, Mai, Juni, Sept., Okt. tgl. 10–17, Juli, Aug. tgl. 10–18 Uhr | Eintritt 40 SEK | www.appletshus.se)* erfahren Sie lauter Spannendes rund um den Apfel (Obstkammer, historische Lager, Fabrik).

Sehenswert ist in Kivik außerdem das 3000 Jahre alte Königsgrab *Kiviksgraven* aus der Bronzezeit, eine große, runde Grabanlage aus Steinen mit einem Durchmesser von 75 m. Zum Baden lädt etwa 3 km nördlich ganz besonders der lange, feinsandige Strand bei *Vitemölla* ein. Herrlich wohnen können Sie hier im traditionsreichen *Vitemölla Badhotell* **Insider Tipp** *(11 Zi. | Lejegatan 60 | Tel. 0414/ 700 00 | Fax 705 91 | www.badhotell.com | €€€)*, einer alten, weißen Holzvilla von 1913.

LUND [122 C4]

Die gemütliche Studentenstadt mit ihren winkligen Kopfsteinpflastergassen und den prächtigen Universitätsgebäuden liegt etwa 20 km nordöstlich von Malmö. Gegründet wurde Lund bereits im Jahr 990 und zählt damit zu den ältesten Städten Schwedens. Im kulturellen und geistigen Zentrum Südschwedens leben gut 103 000 Menschen, darunter viele Studenten, denn Lund hat die größte Universität Nordeuropas (gegründet 1668).

Seit 1103 ist die Stadt auch Erzbischofssitz. Die riesige romanische *Domkirche (Mo–Fr 8–18, Sa 9.30– 17, So 9.30–18 Uhr)* wurde 1145 geweiht.

38 | 39

MALMÖ

Auch das kulturhistorische Freilichtmuseum *Kulturen (Mitte April–Sept. tgl. 11–17, sonst Di–So 12–16 Uhr | Eintritt 50 SEK | Tegnérplatsen | www.kulturen.com)* lohnt einen Besuch.

Das gemütliche Café und Restaurant *Gräddhyllan* serviert moderne internationale Küche; hier können Sie auch übernachten *(4 Zi. | Bytaregatan 14 | Tel. 046/15 72 30 | Fax 15 72 57 | www.graddhyllan.com | €).* Auskunft: *Lunds Turistbyrå (Kyrkogatan 11 | Tel. 046/35 50 40 | Fax 12 59 63 | www.lund.se).*

ÖRESUNDREGION [122 B-C 4-5]

Rund 3,5 Mio. Menschen leben in der Öresundregion, die seit dem 1. Juli 2000 durch die Öresundbrücke mit Dänemark verbunden ist. Insgesamt 16 km lang ist die feste Verbindung über den Sund, die über zwei künstlich angelegte Inseln, eine fast 8 km lange Schrägseilbrücke und durch einen 4 km langen Tunnel führt *(PKW einfache Fahrt 300 SEK).* Die Öresundrund-Karte (gilt 2 Tage für Malmö, Helsingborg, Helsingør und Kopenhagen) berechtigt zur kostenlosen Benutzung der Fähren und Züge (nicht Busse!) und gibt Rabatt in Museen, Hotels und Restaurants. Sie bekommen die Karte ab 200 SEK in den Kundenzentren des Verkehrsverbunds *Skånetrafiken* z. B. in Malmö *(Värnhemstorget, Gustav Adolfs torg* oder *Pågatågsstationen | Tel. 0771/77 77 77 | www.skanetrafiken.se, www.oresundbron.com).*

SIMRISHAMN/ÖSTERLEN [123 D5]

Pastellfarbene Häuschen kauern sich in diesem alten Fischerort rund um den Hafen: Simrishamn (19000 Ew.), der wichtige Fischereihafen etwa 100 km östlich von Malmö, lebt vom Fischfang, und das schon seit dem Mittelalter.

Der Ort liegt im Landstrich ★ Österlen, einer der schönsten Gegenden Schwedens. Knallgelbe Rapsfelder, sanfte, grasgrüne Hügel, dahinter das dunkelblaue Meer – kein Wunder, dass sich viele Künstler und Handwerker in Österlen niedergelassen haben. Mit 97 m fällt hier der Berg Stenshuvud ins Meer ab. Von seinem ❋ Gipfel hat man einen phantastischen Blick aufs Meer. Der Berg ragt mitten im Naturschutzgebiet *Stenshuvud* auf, in dem über 600 Blumenarten gezählt wurden.

Schöne, feinsandige Strände gibt es rund um Simrishamn, etwa beim *Naturreservat Sandhammaren.* Auskunft: *Simrishamns Turistbyrå (Tullhusgatan 2 | Tel. 0414/81 98 00 | Fax 163 64 | www.turistbyra.simrishamn.se, www.visitosterlen.se).*

DIE SÜDKÜSTE

SMYGEHUK [122 C5]

Schwedens südlichster Punkt liegt gut 40 km südöstlich von Malmö. Ein Wegweiser mit Entfernungsangaben zu internationalen Zielen wie Berlin, Paris oder Moskau markiert diese Stelle. Noch bis 1975 war der Leuchtturm in Smygehuk in Betrieb.

Im Leuchtturmwärterhaus ist heute eine Jugendherberge untergebracht: *STF Vandrarhem Smygehuk.* (Kustvägen | Tel. 0410/245 83 | www. smygehukhostel.com | €). Auskunft: *Trelleborgs Turistbyrå (Hamngatan 9| Trelleborg | Tel. 0410/73 33 20| www.trelleborg.se).*

Insider Tipp

YSTAD ⭐ [123 D5]

Kopfsteinpflaster, krumme Gassen und an die dreihundert malerische Fachwerkhäuser (besonders sehenswert ist das *Pilgrändshuset,* das älteste Fachwerkhaus des Nordens) begründen den besonderen Charme und die Schönheit dieser mittelalterlichen Kleinstadt (27 400 Ew.) an der Ost-seeküste ca. 60 km südöstlich von Malmö.

Bis zum Frieden von Roskilde 1658 gehörte die Stadt zu Dänemark. Seinen Wohlstand verdankte Ystad im Mittelalter dem Hering, der hier in großen Mengen gefangen wurde.

Heute ist Ystad vor allem auch bekannt durch Kommissar Kurt Wallander, die spröde Hauptfigur der populären Kriminalromane von Henning Mankell. Seine Romane haben für einen regelrechten Wallander-Tourismus in der Stadt gesorgt. Infos und Karten erhalten Sie beim Touristenbüro.

Mitten im Herzen von Ystad liegt das romantische *Hotell Sekelgården* 🔊 (18 Zi. | Långgatan 18 | Tel. 0411/ 739 00 | Fax 189 97 | www.sekelgar den.se | €€). Östlich der Stadt liegt Ystads *Saltsjöbad* mit ausgedehnten Sandstränden. Auskunft: *Ystads Turistbyrå (S:t Knuts torg | Tel. 0411/ 57 76 81 | Fax 55 55 85 | www.visit ystad.com).*

Zwei künstliche Inseln, ein Tunnel und die 8 km lange Brücke überspannen den Öresund

> SANDSTRÄNDE, FJORDE UND SCHÄREN

Baden, sonnen, segeln, angeln: Hier können Sie ausspannen, malerische Fischerdörfer entdecken oder Göteborgs Großstadtflair genießen

> Rund 300 Jahre lang gehörten die Regionen Halland und Bohuslän an der schwedischen Westküste zu Dänemark. Traditionsreiche Badeorte wie Tylösand oder Varberg im Süden laden mit langen Sandstränden zum Entspannen ein. Im Norden gibt es schroffe Klippen mit unzähligen Fjorden und pittoresken Inseln wie Marstrand oder Tjörn. In der Mitte liegt Göteborg, Schwedens zweitgrößte Stadt. Die weltoffene Hafenstadt bietet spannende Sehenswürdigkeiten und ein lebendiges Nachtleben. Die Westküste gilt auch als eines der Segelparadiese des Landes.

GÖTEBORG

 KARTE
SEITE 124/125

[118 C5] Die lebendige Kulturmetropole gilt als Schwedens Tor zur Welt, sie ist nicht nur Messestadt, sondern beherbergt

Bild: Bootshäuser in Kyrkesund auf der Insel Tjörn in Bohuslän

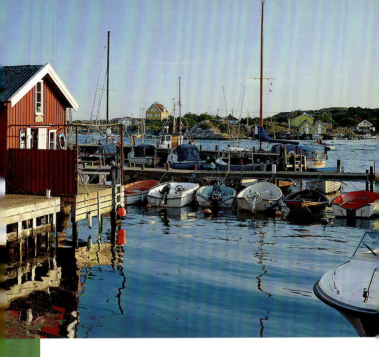

DIE WESTKÜSTE

auch den größten Seehafen Skandinaviens. Gegründet wurde Göteborg von König Gustaf II Adolf im Jahr 1621, der Grundriss entstand nach holländischem Vorbild mit Kanälen, Wallgraben und Befestigungen. Viel Grün und viel Wasser bestimmen das Stadtbild mit breiten Alleen und großen Parkanlagen. Auf den Wasserläufen ducken sich die weißen Ausflugsschiffe unter den vielen Brücken der Stadt hindurch. Im breiten Fluss *Göta Älv* liegen Segelboote, historische Schiffe und die riesigen Skandinavienfähren, die Göteborg mit dem Ausland verbinden.

Göteborg ist Schwedens zweitgrößte Stadt mit ca. 490 000 Ew. und lebt in ständiger Konkurrenz zur Hauptstadt Stockholm an der Ostküste, in der alles immer noch ein bisschen schöner und größer ist. Doch Göteborg hat aufgeholt. Nach vielen Krisen und Werftpleiten in den

GÖTEBORG

1970er-Jahren hat sich die Stadt in den letzten zehn Jahren vom einstigen Industrie- und Handelszentrum zur modernen Kultur- und Veranstaltungsmetropole gewandelt. Ob Musik, Kunst, Theater, Architektur, Museen, Geschichte oder Design: Göteborgs lebendige Kulturszene bietet für jeden Geschmack jede Menge interessanter Highlights. Und direkt vor der Tür fasziniert eine andere Welt: Per Auto, Bus, Straßenbahn oder Schiff können Sie die phantastischen Schären mit Fischerdörfern und Seebädern erkunden.

Di–Fr 9–17, Sa 9–14 Uhr | Rosenlundskanal | www.fiskekyrkan.se

GUSTAF ADOLFS TORG [125 D1]
Göteborgs administratives und politisches Zentrum mit Rathaus, Stadthaus, Börse. Ein Abbild des Königs Gustaf Adolf, der dem Platz seinen

In Göteborgs Fischkirche loben und preisen die Gläubigen frischen Fisch und Meeresfrüchte

Namen gab, thront in Bronze auf einem Pferd in der Platzmitte.

HAGA [124 C3]
Seit den 1980er- und 1990er-Jahren wird das heruntergekommene alte Arbeiterviertel vorsichtig renoviert. Heute prägen Kopfsteinpflaster, viele kleine Cafés, Secondhandläden und Antiquariate das Bild.

■ SEHENSWERTES
FESKEKÖRKA ★ [124 C2–3]
Berühmte alte Göteborger Fischhalle. Sie sieht von außen aus wie eine Kirche, drinnen bekommen Sie Delikatessen frisch aus dem Meer.

KONSTMUSEET [125 E3]
Im zweitgrößten Kunstmuseum des Landes finden Sie neben Gemälden

> *www.marcopolo.de/suedschweden*

DIE WESTKÜSTE

von Rembrandt, Rubens, van Gogh eine umfangreiche Sammlung skandinavischer Malerei der vorletzten Jahrhundertwende. *Di, Do 11–18, Mi 11–21, Fr–So und an Feiertagen 11–17 Uhr | Eintritt 40 SEK | Götaplatsen | www.konstmuseum.goteborg.se*

KRONHUSET UND
KRONHUSBODARNA   [125 D1]
Das älteste profane Gebäude Göteborgs stammt von 1643. Rund um das ehemalige Zeughaus mit seinem sehenswerten Reichssaal gruppieren sich die ehemaligen Werkstätten und Stallungen, die heute eine Goldschmiede, ein Glasbläseratelier, eine Töpferei, einen Laden und ein Café beherbergen. *Mo–Fr 10–17 bzw. 11–16 (Laden), Sa 10–14 Uhr (Laden ab 11 Uhr) | Postgatan 4–6 | www.kronhusbodarna.nu*

KUNGSPORTSAVENYN UND
GÖTAPLATSEN   [125 E3]
Göteborgs Prachtboulevard mit vielen Cafés, Restaurants und Geschäften. An seinem Ende liegt der *Götaplatsen,* das Kulturzentrum Göteborgs mit Kunstmuseum, Kunsthalle,

Konzerthaus und Stadttheater. In der Mitte die *Poseidon-Statue* von Carl Milles.

MARITIMAN   [124 C1]
Historische Schiffe, wie das Feuerschiff „Fladen" von 1915 oder das U-Boot „Nordkaperen" von 1962 können Sie in Göteborgs Maritiman besichtigen. *März, April, Sept., Okt.tgl. 10–16, Nov nur Fr–So 10–16, Mai–Aug. tgl. 10–18 Uhr | Eintritt 75 SEK | Packhuskajen | www.maritiman.se*

RÖHSSKA MUSEET   [125 D3]
Schwedens einziges Museum für Design und Kunsthandwerk. *Di 12–20, Mi–Fr 12–17, Sa/So 11–17 Uhr | Eintritt 40 SEK | Vasagatan 37–39 | www.designmuseum.se*

VÄRLDSKULTURMUSEET   [125 F3]
Das ethnografisch-historisch orientierte Museum versteht sich in Zeiten der Globalisierung als Treffpunkt und als Vermittler zwischen den Weltkulturen. *Di, Sa, So 12–17, Mi–Fr 12–21 Uhr | Eintritt 40 SEK | Södra Vägen 54 | www.varldskulturmuseet.se*

MARCO POLO HIGHLIGHTS

⭐ **Torekov**
Malerisches Fischerdorf am Kattegat (Seite 53)

⭐ **Feskekörka**
Delikatessen in der alten Göteborger Fischhalle (Seite 44)

⭐ **Marstrand**
Badeort und Seglerparadies mit Tradition (Seite 49)

⭐ **Tjörn und Orust**
Schärenidyll in Bohuslän (Seite 50)

⭐ **Kullaberg-Halbinsel**
Felsen, Sandstrände und Fischerdörfer im Nordwesten Skånes (Seite 52)

⭐ **Mellbystrand**
Supersandstrand an der Westküste (Seite 52)

GÖTEBORG

ESSEN & TRINKEN

CAFÉ HUSAREN [124 C3] *Insider Tipp*

Dieses Studentencafé im pittoresken Stadtteil Haga ist bekannt für seine riesigen *hagabullar*, süße Hefeschnecken mit Zimt. *Haga Nygata 28 | www.cafehusaren.se | €*

FISK & SKALDJURSBAR GABRIEL [124 C2–3]

Restaurant und Café in der Fischkirche. Es gibt Austern, Fischsuppe, Flunder, Krebse oder ein dick belegtes Krabbenbrot. *Feskekörka | Rosenlundsgatan | Tel. 031/13 90 51 | www.fiskekyrkan.se | €€*

SJÖMAGASINET [0]

Eines der besten Restaurants Göteborgs im alten Speicher der Ostindiska Kompaniet am Wasser. Exklusive Fisch- und Schaltiergerichte. Im Sommer kann man auch draußen sitzen. Reservieren! *Klippans Kulturreservat | Adolf Edelsvärdsgata 5 | Tel. 031/775 59 20 | www.sjomagasinet.se | €€€*

SMAKA [125 D2] *Insider Tipp*

Hier gibt's beste schwedische Hausmannskost, z. B. den Klassiker *köttbullar*. *Vasaplatsen 3 | Tel. 031/13 22 47 | www.smaka.se | €€*

EINKAUFEN

An der Östra Hamngatan [125 D1] liegt *Nordstan (www.nordstan.se)*, Schwedens größtes Einkaufszentrum, mit Kaufhäusern und Modeläden. Edler ist die Filiale des Stockholmer Nobelkaufhauses *Nordiska Kompaniet* [125 D2] *(www.nk.se)*. Im Viertel rund um *Drottninggatan/Korsgatan/Vallgatan* [125 D2] gibt es nette, kleine Boutiquen, Design- und Einrichtungsläden. Im *Design Torget* [125 D2] *(www.designtorget.se)* verkaufen etablierte Designer und unbekannte Künstler Glas, Möbel und Dekoartikel *(Vallgatan 14)*. Schwedisches Kunsthandwerk, Leinen, Glas und Keramik finden Sie bei *Bohusslöjd* [125 E3] *(Kungsportsavenyn 25 | www.bohusslojd.se)*. Antikes auf drei Etagen bieten die exklusiven

Keine Frage, wo Schwedens Tor zur Welt liegt: in Göteborgs Hafen

DIE WESTKÜSTE

Antikhallerna [125 C2] *(Västra Hamngatan 6)* oder das *Hagaviertel* [125 C3] mit Antiquariaten, Antik- und Secondhandläden. In der *Saluhall*, Göteborgs alter Markthalle am *Kungstorget* [125 D2], gibt's Schwedische Spezialitäten wie Elch oder Rentier.

ÜBERNACHTEN

Günstig übernachten Sie mit dem *Göteborg-Paket*. Darin enthalten ist auch der *Göteborgspasset*.

HOTELL LILTON [0]
Persönliche Atmosphäre in einem malerischen alten Backsteinhaus. 14 Zi. | Föreningsgatan 9 | Tel. 031/82 88 08 | Fax 82 21 84 | www.lilton.se | €€

QUALITY HOTEL 11 [0]
Modernes, exklusives Designhotel im ehemaligen Werftgebäude außerhalb der City. 260 Zi. | Maskingatan 11 | Tel. 031/779 11 11 | Fax 779 11 10 | www.hotel11.se | €€€

SLOTTSSKOGENS VANDRARHEM [0]
Gemütliche Jugendherberge in Linnéstaden, einem besonders lebendigen Viertel mit vielen Cafés, Restaurants, Theatern und dem Park Slottskogen. Mit Sauna. 165 Betten | Vegagatan 21 | Tel. 031/42 65 20 | Fax 14 21 02 | www.sov.nu | €

VANILJ HOTELL & CAFÉ [125 D2]
Kleines Hotel mit Café im alten Gebäude in zentraler Lage. 32 Zi. | Kyrkogatan 38 | Tel. 031/711 62 20 | Fax 711 62 30 | www.hotelvanilj.se | €€

FREIZEIT & SPORT

Entdecken Sie Göteborg vom Wasser aus bei einer Sightseeingtour mit dem Paddan-Boot durch die Kanäle *(April–Sept. | 95 SEK | ab Kungsportsbron | Tel. 031/60 96 70 | www.paddan.com)*. Oder fahren Sie mit dem Boot in die Göteborger Schären. Es gibt auch Abendkreuzfahrten mit Fischbuffet *(Ende Juni–Mitte Aug. Mo–Mi, Fr, Sa 19–22.30 Uhr | Preis ab 160 SEK | ab Lilla Bommen | Kajskjul 207 | www.borjessons.com)*

AM ABEND

NIVÅ ▶▶ [125 D2]
Beliebter Nachtclub mit Diskothek, Bar und Restaurant auf vier Etagen. Soul, R & B, Charts. Mi 20–3, Fr 16.30–4, Sa 20–4 Uhr | Mindestalter Mi 25, Fr/Sa 27 Jahre | Eintritt Fr 70 SEK (ab 23 Uhr), Sa 100 SEK (ab 22 Uhr) | Kungsportsavenyn 9 | www.restaurangniva.com

NEFERTITI [124 C2]
House, Techno, Hip-Hop, Funk, Reggae und Jazz – all das gibt es live in dem alten Göteborger Jazzclub mit

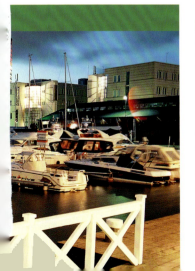

46 | 47

GÖTEBORG

Bar und Restaurant. Die Eintrittspreise und Öffnungszeiten variieren. *Mindestalter 20 Jahre | Hvitfeldtsplatsen 6 | www.nefertiti.se*

AUSKUNFT

GÖTEBORGS TURISTBYRÅER
Nordstan Shoppingcenter | Nordstadstorget [125 D1] *oder Kungsportsplatsen 2* [125 E2] *| Tel. 031/61 25 00 | Fax 61 25 01 | www.goteborg.com*

VÄSTSVENSKA TURISTRÅDET [125 E3]
Kungsportsavenyn 31–35 | Tel. 031/ 81 83 00 | Fax 81 83 01 | www.vast sverige.com

ZIELE IN DER UMGEBUNG

FJÄLLBACKA [118 B3]
100 km nördlich von Göteborg liegt das beliebte Ferienziel der Schweden (1000 Ew.). Schon die Schauspielerin Ingrid Bergman machte hier gern Urlaub. Deshalb hat man ihr zu Ehren eine Bronzebüste am Hafen aufgestellt. Malerische Holzhäuschen kleben am Fuß des ❄ Vettebergs. Von oben haben Sie einen phantastischen Blick auf die vorgelagerten Schären.

Auskunft: *Fjällbacka turistinformation (nur Juni–Aug. | Ingrid Bergmans torg | Tel. 0525/321 20 | Fax 311 43 | www.fjallbacka.com*

GREBBESTAD [118 B3]
Ein Idyll wie aus dem Bilderbuch. Leider ist der Fischerort (1700 Ew.) 140 km nördlich Göteborgs im Sommer ziemlich überlaufen. Trotzdem ist Grebbestad einen Besuch wert, nicht zuletzt wegen der Austern, die hier angelandet werden. Die können Sie 20 km entfernt bei den ==Austernfischern *Karlsson*== probieren *(Bryggguddens musslor bei Mjölkeröd, Tanumshede | über die E 6 bis Tanumshede, dann auf der 163 Richtung Grebbestad, rechts Richtung Sannäs, Mjölkerud | Tel. 0525/226 07 oder 070/ 311 23 68| www.bryggudden. se)*. Auskunft: *Grebbestad Info Center (Nedre Långgatan 48 | Tel. 0525/100 80 | Fax 142 20 | www. grebbestad.com)*.

HÅLLÖ [118 B4]
Schroffe Klippen und Meeresrauschen: Wenn Sie Ruhe lieben, sollten

> BO PÅ LANTGÅRD
Ferien auf einem südschwedischen Bauernhof

Urlaub auf dem Land: Ruhe und wunderschöne Natur – das ist Schweden pur. Genau das bieten rund 400 Höfe im ganzen Land. Sie haben sich in der Organisation *Bo på Lantgård* zusammengeschlossen und bieten einfache und günstige Unterkünfte – in einer Wohnung, einem Zimmer oder einem kleinen Ferienhaus auf einem Bauernhof, für Selbstversorger oder als Bed & Breakfast, einen Tag oder eine Woche lang, ganz wie Sie möchten. Viele Höfe vermieten auch Fahrräder oder bieten Ausritte an. Und Tiere gibt's natürlich auch. Eine prima Alternative besonders für Familien mit Kindern.
Infos: *Bo på Lantgård | Söndrumsvägen 35 | 30239 Halmstad | Tel. 035/ 12 78 70 | info.bpl@publicum.se | www.bopalantgard.org*

DIE WESTKÜSTE

Sie nach Hållö fahren. Auf diesem äußersten Vorposten im Kattegat, etwa 5 km vor *Smögen* (ca. 120 km nördlich von Göteborg), gibt es nur Felsen, einen Leuchtturm, eine alte Radiotelegrafenstation und sechs Fischerhütten, in denen man übernachten kann *(30 Betten | €)*. Boot ab Smögen (nur im Sommer oder nach Absprache). Rechtzeitig buchen *(Tel. 0707/12 28 83 | ll210@telia.com | www.utpost-hallo.nu)!*

KOSTER-INSELN [118 B3]

Robbenbänke, Sonne satt und schöne Strände gibt es auf diesen autofreien, unter Naturschutz stehenden Schäreninseln fast an der norwegischen Grenze. Die Inseln, auf denen 300 Menschen leben, sind in Schweden als Sonnenhochburg bekannt. Anreise: mit der Fähre ab *Strömstad* (ca. 180 km nördlich von Göteborg, Fahrzeit 30 Min., *Koster Marin | Tel. 0526/201 10)*. Auskunft: *Strömstad Tourist (Torget | Norra Hamnen |* Strömstad *| Tel. 0526/623 30 | Fax 623 35 | www.stromstadtourist.se).*

MARSTRAND ★ [118 B5]

Das Sommer- und Seglerparadies! Helle Holzvillen und bunte Segelboote prägen das Bild dieser schönen, autofreien Schäreninsel mit dem gleichnamigen Ort rund 50 km nördlich von Göteborg. Über allem thront die ☼ *Festung Carlsten* mit phantastischer Aussicht aufs Meer. In dem alten Bade- und Kurort (1500 Ew.) gibt es Restaurants, Cafés und kleine Geschäfte. Anreise: Fähren mehrmals stündlich ab *Koön, Arvidsvik, Dauer: 5 Min.* Auskunft: *Marstrand Turistinformation (Juni–Aug. | Hamngatan 33 | Tel. 0303/600 87 | Fax 600 18 | www.marstrand.se, www.vastsverige.com)*

SCHLOSS TJOLÖHOLM [122 B1]

Auf einer Halbinsel im Kungsbackafjord, etwa 45 km südlich von Göteborg, liegt das ☼ Schloss im

Die autofreien Koster-Inseln vor Strömstad gelten als schwedische Sonnenhochburg

48 | 49

HELSINGBORG

Tudorstil in wunderschöner Natur mit einem grandiosen Blick aufs Meer. Auf dem Gelände gibt es ein Café, ein *Wagenmuseum* und einen kinderfreundlichen Sandstrand *(April bis Mitte Juni, Sept. Sa, So 12–15 | Mitte Juni–Aug. tgl. 11–16 | Okt. So 12–15 Uhr | Schlossbesuch nur mit Führung zu jeder vollen Stunde | Eintritt 60 SEK | Anfahrt über die E6 nach Süden, Ausfahrt Fjärås/Tjolöholm, dann ausgeschildert | Tel. 0300/54 42 00 | www.tjoloholm.se).*

TJÖRN UND ORUST ⭐ [118 B–C4]

Hier sind Sie mitten in der Wunderwelt der Schären. Beide Inseln (jeweils 15 000 Ew.) sind miteinander verbunden und liegen etwa 60 km nördlich von Göteborg. Sie sind vom Festland aus über die imposante Tjörn-Brücke zu erreichen. Unbedingt ansehen sollten Sie sich die typischen Fischerdörfer *Rönnäng* auf Tjörn und *Mollösund* auf Orust und die vorgelagerten Inseln *Åstol* und *Gullholmen*. Übernachten können Sie im *Mollösunds Wärdshus* mit herrlichem Garten und gutem Restaurant *(€€)* in der Nähe des Hafens *(10 Zi. | Mai–Aug. | Kyrkvägen 9 | Tel. 0304/211 08 | Fax 216 07 | www. oceangroup.se | €€€)*. Auskunft, auch zu Ferienhäusern: *Bästkusten i Bohuslän AB (Kulturhuset Fregatten | Stenungssund | Tel. 0303/833 27 | www.bastkusten.se).*

HELSINGBORG

[122 C4] **Für viele ist Helsingborg (124 000 Ew.) das Tor zum Urlaubsparadies Schweden, denn hier legt die Fähre aus dem dänischen Helsingør an.** Strategisch sehr günstig an der schmalsten Stelle des Öresunds gelegen, war Helsingborg in den dänisch-schwedischen Kriegen immer wieder heftig umkämpft. Seit 1710 ist es schwedisch.

■ SEHENSWERTES
DUNKERS KULTURHUS

Seit 2002 der Treffpunkt für Kulturinteressierte in der Öresundregion. Auf einer Ausstellungsfläche von über 3000 m^2 befinden sich in dem Kulturzentrum z. B. das Helsingborger Stadt- und Kunstmuseum, das Kulturzentrum für Kinder und Jugendliche, Künstlerateliers und -studios. *Di–So*

> FALU RÖDFÄRG
Vom Abfallprodukt zum Symbol schwedischer Idylle

Üblicherweise sind die typischen schwedischen Holzhäuser rostrot gestrichen. Eher zufällig entdeckte man schon im 16. Jh. in der berühmten Kupfergrube im mittelschwedischen Falun, dass sich auch mit dem Abfall aus der Kupferproduktion etwas Sinnvolles anfangen lässt. Das rote Pigment der typischen Farbe entsteht nämlich durch die Verwitterung von eisenhaltigem Kupfererz, das bei der Kupfergewinnung zurückbleibt. Dieser Rotstaub enthält neben Kupferanteilen auch Eisenocker, Silikate und Zinkverbindungen. Für die Farbe bedeutet das: Sie konserviert, kostet wenig, ist nicht giftig und hält etwa 10 bis 15 Jahre.

DIE WESTKÜSTE

10–17, Do bis 20 Uhr | Eintritt Ausstellungen 70 SEK | Kungsgatan 11 | www.dunkerskulturhus.se

KÄRNAN
☼ Eine phantastische Aussicht auf den Öresund und das dänische Helsingør mit dem Schloss Kronborg bietet der Festungsturm mitten in der Stadt. *April, Mai, Sept. Di–Fr 9–16, Sa/So 11–16, Juni–Aug. tgl. 11–19, Okt.–März Di–So 11–15 Uhr | Eintritt 20 SEK*

ESSEN & TRINKEN
DAHLBERG
Hier wird schwedisch-italienische Küche mit einem Hauch Asien serviert. *Stortorget 20 | Tel. 042/12 43 44 | www.gastropub.nu | €€*

EINKAUFEN
Das nordwestliche Skåne ist die Keramikgegend Schwedens. Hier finden Sie überall Hinweisschilder zu Läden und Töpfereien.

WALLÅKRAS STENKÄRLSFABRIK
Schöne alte Keramikfabrik etwa 15 km südöstlich von Helsingborg in *Vallåkra*. Seit 1864 stellt man hier

Schönes Handgetöpfertes finden Sie in und um Helsingborg an nahezu jeder Ecke

u. a. Marmeladentöpfe und Branntweinkrüge her. *Mo–Fr, So 12–16 Uhr | Drejarstigen*

ÜBERNACHTEN
SWEDEN HOTEL MARIA
In diesem alten Fachwerkhaus sind die Zimmer im Stil verschiedener Epochen eingerichtet – von Barock bis 1970er-Jahre! *11 Zi. | Mariagatan 8A | Tel. 042/24 99 40 | Fax 24 99 59 | www.hotelmaria.se | €€–€€€*

VILLA THALASSA ☼
Jugendherberge in schöner Villa mit Aussicht auf den Öresund, etwa 3 km nördlich von Helsingborg. *54 Zi. |*

50 | 51

HELSINGBORG

Dag Hammarskjöldsväg | Tel. 042/ 38 06 60 | Fax 12 87 92 | www.villa thalassa.com | €

AM ABEND

THE TIVOLI
Einer der großen Rockclubs in Südschweden mit Livemusik, Diskothek

> LOW BUDGET

> Der *Göteborgspasset (im Touristenbüro | 225 SEK 1 Tag, 310 SEK 2 Tage)* gewährt u. a. freien Eintritt in viele Museen, kostenlose Nutzung der öffentlichen Verkehrsmittel und freies Parken.

> Für 20 SEK mit Straßenbahn Nr. 11 bis Saltholmen, von dort mit der Fähre in Göteborgs südliche Schären! Das Ticket gilt für 90 Min. Infos: im Touristenbüro oder unter *www.vast trafik.se*

> Günstiger Fabrikverkauf bei *Boda Nova* und *Höganäs Keramik* mit Keramik, Glas und Heimtextilien (*Fabriksbutiken Höganäs | Mo–Fr 10–18, Sa/ So 10–17 Uhr | Norregatan 4, an der 111 Richtung Mölle| www.hoganas keramik.se, www.fabriksbutiken.com*

> *Tanums hällristningar:* Die Felszeichnungen aus der Bronzezeit bei Tanum und Vitlycke bei Tanumshede kann man gratis ansehen. Info: *Tanumshede Turistinformation | Sockenmagasinet | Tanumshede | www.tanum turist.se*

Insider Tipp
> Jugendherberge im früheren Gefängnis (Kronohäktet) auf der Varberger Festung. *74 Betten, davon 26 im Gefängnis | Tel. 0340/ 868 28 | Fax 62 70 00 | www.turist.varberg.se/ vandrarhem | €*

und Restaurant. *Kungsgatan 1 | Hamntorget | Mindestalter Diskothek Fr 18 Jahre, Sa 20 Jahre | www.theti voli.nu*

AUSKUNFT

HELSINGBORGS TURISTBYRÅ
Rådhuset Stortorget | Tel. 042/ 10 43 50 | Fax 10 43 55 | www.hel singborg.se

ZIELE IN DER UMGEBUNG

BÅSTAD UND BJÄREHALVÖN   [122 C3]
Bunte Segelboote auf glitzerndem Wasser und alte Bauernhöfe hinter weißen Holzzäunen sorgen hier für Ferienstimmung. Lange Sandstrände haben den traditionsreichen Badeort Båstad (ca. 40 km nördlich von Helsingborg, 14 000 Ew.) auf der Halbinsel Bjärehalvön berühmt gemacht (Hemmeslövstrand, Skummelövstrand, ⭐ Mellbystrand). Und natürlich das internationale Tennisturnier *Swedish Open*, das hier seit 1948 jeden Sommer stattfindet. Auskunft: *Båstad Turism (Torget | Köpmansgatan 1 | Båstad | Tel. 0431/750 45 | Fax 700 55 | www.bastad.com).*

KULLABERG-HALBINSEL ⭐   [122 B3]
Die Halbinsel, etwa 35 km nördlich von Helsingborg, ist eine der schönsten Ecken Skånes. 200 m fällt der Kullaberg steil zum Meer hin ab. An der Spitze steht ☼ *Kullens fyr*, der höchstgelegene Leuchtturm Schwedens mit phantastischem Meerblick. Entlang der Küstenstraße liegen viele kleine, anmutige Orte wie *Skäret*, *Arild* oder *Viken*. Eine Kaffeepause sollten Sie unbedingt im Café *Flickorna Lundgren* in Skäret einlegen. *(Mai–Sept. | Skäretvägen 19 | Tel.*

Insi Tip

DIE WESTKÜSTE

Die Kullaberg-Halbinsel zählt landschaftlich zu den schönsten Ecken Skånes

042/34 60 44 | *www.fl-lundgren.se).* Einen Besuch lohnen auch die berühmten Werkstätten von *Boda Nova Höganäs* und *Höganäs Saltglaserat (Öffnungszeiten wechselnd siehe www.bodanova.se* bzw. *www.keramikbygden.se* | *Bruksgatan 36B* | *Höganäs* | *Tel. 042/21 65 40).*

Die Kullaberg-Halbinsel, auf der etwa 25 000 Menschen leben, ist ein sehr gutes Gebiet zum Klettern, Schnorcheln und Baden. Schöne Strände gibt es bei *Farhult* und *Viken.* Auskunft: *Höganäs Turistbyrå (Stadshuset* | *Centralgatan 20* | *Tel. 042/33 77 74* | *Fax 34 99 16* | *www. turism.hoganas.se).*

SCHLOSS SOFIERO [122 B4]

Inmitten eines riesigen Parks liegt diese frühere königliche Sommerresidenz von 1864. Wechselnde Kunstausstellungen, exklusives Schlossrestaurant. *Mai–Aug. tgl. 10–18 Uhr, übrige Zeiten wechselnd* | *Eintritt 90 SEK für Park und Schloss* | *Tel. 042/13 74 00* | *www.sofiero.se*

TOREKOV ★ [122 B3]

Das kleine Fischerdorf (1200 Ew.) mit malerischen Holzhäusern, liegt gut 60 km nördlich von Helsingborg direkt am Kattegat. Von hier aus fahren alte Fischerboote zum Naturschutzgebiet *Hallands Väderö* mit Sandstränden und Eichenwäldern *(Mitte Juni–Anfang Aug. tgl. 11–16 Uhr stündlich, sonst nur Sa,/So 10–16 Uhr alle 2 Std.* | *Fahrzeit ca. 20 Min.* | *www.vaderotrafiken.se).* Robbensafaris werden auch ab Torekov angeboten. Auskunft: *Torekovs Turistbyrå (Hamnplanen 2* | *Tel. 0431/36 31 80* | *Fax 36 45 53* | *www. torekovturism.net).*

VARBERG

[122 B2] **Kreischende Möwen, buntes Treiben auf dem Marktplatz, weite Strände im Süden und eine felsige Küste mit warmen Klippen im Norden: Die Festungsstadt am Kattegat ist Balsam für Körper und Seele.**
Seit 180 Jahren ist Varberg (55 000 Ew.) in Halland ein bekannter Kur- und Badeort mit orientalisch anmu-

52 | 53

VARBERG

tendem Kaltbadehaus direkt am Meer. Die Hafenstadt mit Fährverbindung ins dänische Grenå ist auch Zentrum der schwedischen Hochseefischerei.

SEHENSWERTES
KURORTSVIERTEL
Die fast 200 Jahre alte Kurtradition der Stadt ist heute noch zu spüren, etwa in den Kurparks *Brunnsparken* und *Societetsparken*. Hier finden im Sommer auch Konzerte statt.

VARBERGS FESTUNG
Auch Varberg war lange Zeit Kriegsschauplatz zwischen Dänen und Schweden. 1287 baute man direkt am Meer auf einem Felsen eine Festungsanlage zum Schutz gegen Feinde. Bis 1931 diente sie als Gefängnis. Heute sind dort eine Jugendherberge, ein Restaurant sowie ein *Museum* untergebracht. Berühmtestes Museumsobjekt ist der *Bockstensmann*, eine Moorleiche aus dem 14. Jh. mit vollständig erhaltener Kleidung. *Mitte Juni–Mitte Aug. tgl. 10–17, Di bis 21, Mitte Aug.–Mitte Juni Mo–Fr 10–16, Sa/So 12–16 Uhr | Eintritt Museum 30–50 SEK | www.lansmuseet.varberg.se*

ESSEN & TRINKEN
FÄSTNINGSTERRASSEN
Einen phantastischen Meerblick bietet das Festungscafé hoch über dem Kattegat. Kuchen Waffeln, Eis und Krabbenbrote. *Nur im Sommer | Varbergs fästning | Tel. 0340/105 81 | €*

FRIDAS
Brasserie mit herrlichem Meerblick, toller Livemusik und guter Küche. Variierende Öffnungszeiten, vorher anrufen! *Cafévägen 12 | Kärradal | 10 km nördlich von Varberg | Tel. 0340/62 33 10 | www.fridas.nu | €€*

ÜBERNACHTEN
STRANDGÅRDEN
Insider Tip

Kleines Familienhotel in ruhiger Lage mit Meerblick auf Getterön. *20*

In Varberg können Sie so oder so abtauchen: im Meer oder im schönen Kaltbadehaus

DIE WESTKÜSTE

Zi. | *Valvikavägen 14* | *Tel. 0340/168 55* | *Fax 69 28 85* | *www.getteron hotell.se* | €

▮ FREIZEIT & SPORT ▮
HOCHSEEANGELTOUREN
Wenn Sie Dorsch, Makrele oder Seewolf fischen möchten, sollten Sie unbedingt an einer Hochseeangeltour teilnehmen. Die Ausrüstung können Sie leihen *(Juni–Aug. tgl. sonst nur Sa/So* | *Tel. 0340/140 95 oder 125 30* | *www.fladen.se).*

WINDSURFEN
Beste Windsurfbedingungen finden Sie am Strand in *Apelviken.* Kurse und Verleih bei *Surfers Paradise Vindoch kitesurfingskola (Södergatan 22* | *Tel. 0340/67 70 55* | *www.surferspa radise.nu).*

▮ AUSKUNFT ▮
VARBERGS TURISTBYRÅ
Brunnsparken | *Tel. 0340/868 00* | *Fax 868 07* | *www.turist.varberg.se*

▮ ZIELE IN DER UMGEBUNG ▮
EKELUND LINNEVÄVERIET   [122 B1]
Die alte Leinenweberei etwa 35 km nordöstlich von Varberg in *Horred* bietet Fabrikverkauf (auch zweite Wahl) und ein kleines Museum zur 450-jährigen Firmengeschichte. Im Laden finden Sie Leinenwaren, Glas, Keramik, Besteck und ein Café *(Mo–Fr 10–18, Sa 10–15 Uhr* | *Tel. 0320/800 01* | *Varbergsvägen 442* | *www. ekelundhuset.se).*

FALKENBERG   [122 B2]
Die gemütliche Kleinstadt (40000 Ew.) mit ihrem mittelalterlichen Stadtkern und den Kopfsteinpflaster-straßen liegt etwa 35 km südlich von Varberg an der Mündung des Ätran, eines der besten Lachsgewässer ganz Schwedens. Zwischen April und Ende September wird hier fleißig gefischt. Angler brauchen eine Fischkarte, die es im Touristenbüro *(Tageskarte 100 SEK, Wochenkarte 500 SEK)* gibt.

In der *Laxbutiken* können Sie Lachsdelikatessen aller Art mitnehmen oder direkt im Restaurant probieren, außerdem gibt's Zutaten und Rezepte *(tgl. 10–19 Uhr* | *Heberg, an der E6, 7 km südlich von Falkenberg* | *www.laxbutiken.se).*

Insider Tipp

Außer für Lachs ist Falkenberg auch für seine weiten, flachen und kinderfreundlichen Sandstränden bekannt, z. B. den *Skreastrand.* Auskunft: *Falkenbergs Turistbyrå* | *Holgersgatan 11* | *Tel. 0346/88 61 00* | *Fax 145 26* | *www.falkenbergstu rist.se*

TYLÖSAND ▶▶   [122 C3]
Hier lernen Sie Schwedens Mini-Riviera kennen. Elegante Sommervillen, kilometerlanger Sandstrand und ein turbulentes Strandleben sind typisch für diesen Jetsetort (2200 Ew.) 80 km südlich von Varberg. Bestes Haus ist die Luxushotelanlage *Tylösand* 🔊 mit Spa, Spitzenrestaurants und großem Sportangebot wie Golf , Wind- und Kitesurfing *(225 Zi.* | *Tylöhusvägen* | *Tel. 035/305 00* | *Fax 324 39* | *www.tylosand.se* | €€€*).*

Herrliche Strände sind der *Tylesand* und der *Östra Stranden,* beide ideal für Kinder. Auskunft: *Halmstad Turistbyrå (Halmstad Slott* | *Halmstad* | *Tel. 035/13 23 20* | *Fax 15 81 15* | *www.halmstad.se).*

54 | 55

> WILDNIS UND ALTE KULTURLANDSCHAFTEN

Für Outdoorfans und Kulturliebhaber sind Schwedens größte Seen ein ideales Ziel

> Schäreninseln, Sandstrände und elchreiche Wälder am Vänern, Klöster, Kirchen und zahlreiche Sehenswürdigkeiten am Vättern: Die Region rund um die beiden größten Seen Schwedens ist von Gegensätzen geprägt.

Wer wandern und Kanu fahren möchte, sollte die Regionen Dalsland und Värmland am Vänernsee besuchen. Unendliche Wälder und tiefblaue Seen laden hier zu Ausflügen ein. Mit einer Fläche von ca. 5400 km^2 ist der Vänern der größte Binnensee (106 m tief) des Landes. 22 000 kleine Schäreninseln, herrliche Sandstrände und malerische Buchten, besonders im elchdichten Südosten machen ihn zu einem einzigartigen Erlebnis.

Tiefblau schimmert der lang gezogene, fischreiche Vättern. Mit 1888 km^2 ist er Schwedens zweitgrößter See und bis zu 128 m tief. Traumhafte Aussicht auf den Vätternsee

> *www.marcopolo.de/suedschweden*

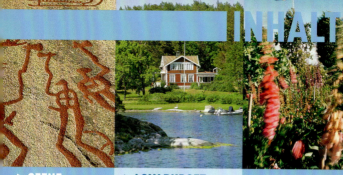

INHALT

> SZENE
S. 12–15: Trends, Entdeckungen, Hotspots! Was wann wo in Südschweden los ist, verrät der MARCO POLO Szeneautor vor Ort

> 24 STUNDEN
S. 96/97: Action pur und einmalige Erlebnisse in 24 Stunden! MARCO POLO hat für Sie einen außergewöhnlichen Tag in Stockholm zusammengestellt

> LOW BUDGET
Viel erleben für wenig Geld! Wo Sie zu kleinen Preisen etwas Besonderes genießen und tolle Schnäppchen machen können:

Per Linienbus auf Sightseeingtour S. 36 | Günstiges Design gleich ab Fabrik kaufen S. 52 | Fahrräder umsonst ausleihen S. 62 | Preiswertes Bett auf der Leuchtturminsel S. 73 | Kurdisches Buffet zum kleinen Preis S. 87

> GUT ZU WISSEN
Was war wann? S. 10 | Schwedische Spezialitäten S. 26 | Bo på Lantgård S. 48 | Falu Rödfärg S. 50 | Bücher & Filme S. 66 | Allemansrätt S. 75 | Blogs & Podcasts S. 108

AUF DEM TITEL
Stockholm auf dem Wasser entdecken S. 87
Outdoor-Paradies Dalsland S. 58

- **AUSFLÜGE & TOUREN** 92
- **24 STUNDEN IN STOCKHOLM** 96
- **SPORT & AKTIVITÄTEN** 98
- **MIT KINDERN REISEN** 102

- **PRAKTISCHE HINWEISE** 106
- **SPRACHFÜHRER** 112

- **REISEATLAS SÜDSCHWEDEN** 116
- **KARTENLEGENDE REISEATLAS** 126

- **REGISTER** 128
- **IMPRESSUM** 129
- **MARCO POLO PROGRAMM** 130
- **UNSERE INSIDERIN** 131

- **BLOSS NICHT!** 132

2 | 3

ENTDECKEN SIE SÜDSCHWEDEN!

Unsere Top 15 führen Sie an die traumhaftesten Orte und zu den spannendsten Sehenswürdigkeiten

Die Highlights sind in der Karte auf dem hinteren Umschlag eingetragen

 Midsommar
Mit Blumen, Tanz und Schnaps feiern die Schweden den längsten Tag des Jahres (Seite 23)

 Mörrumsån
Lachsreicher Fluss in Blekinge mit Prachtexemplaren, die Sie selbst angeln können (Seite 34)

 Österlen
Liebliche Landschaft mit gelben Rapsfeldern und grünen Hügeln vor tiefblauem Meer um den schönen Fischerort Simrishamn (Seite 40)

 Ystad
In diesem mittelalterlichen Städtchen löst Kommissar Wallander seine Fälle (Seite 41)

 Tjörn und Orust
Schärenidyll mit bunten Holzhäusern, kreischenden Möwen und blank gespülten Felsen nördlich von Göteborg (Seite 50)

 Mellbystrand
Fein und flach und kinderfreundlich: 12 km langer Sandstrand an Schwedens Westküste (Seite 52)

 Glaskogen
Wildromantisches Naturreservat mit unendlichen Wäldern und kristallklaren Seen im Westen Värmlands (Seite 61)

 Elchsafari
Am Hunneberg sind die Chancen groß, dem König der schwedischen Wälder zu begegnen (Seite 66)

VÄNERN UND VÄTTERN

bietet eine Fahrt auf der E 4 entlang des Ostufers. Die Regionen Väster- und Östergötland, westlich und östlich des Vänern, sind reich an Kulturschätzen, wie etwa das mittelalterliche Kloster in Vadstena oder das Barockschloss Läckö.

Verbunden werden Vänern und Vättern durch den Göta-Kanal, eine technische Errungenschaft des frühen 19. Jhs., mit beeindruckenden Schleusenanlagen.

JÖNKÖPING

[119 E5] **Die lebendige Hauptstadt (122 000 Ew.) der Region Småland am Südufer des Vättern wurde berühmt durch die Streichhölzer, die die Brüder Lundström ab 1844 hier produzieren ließen.** Der giftige und leicht entflammbare Phosphor wurde ab 1853 durch ungefährlichen roten Phosphor ersetzt. Diese Sicherheitszündhölzer exportierte man in alle Welt. Auf dem ehe-

JÖNKÖPING

maligen Fabrikgelände *(Tändsticksområdet)* liegen heute u. a. das Streichholzmuseum und ein Radiomuseum.

Echt süß: Zuckerstangenladen in Gränna

MUSEUM

TÄNDSTICKSMUSEUM
Alles über die Welt der kleinen Hölzer. *Juni–Aug. Mo–Fr 10–17, Sa/So 10–15, Sept.–Mai Di–Sa 11–15 Uhr | Eintritt 40 SEK | Tändsticksgränd 27 | www.jonkoping.se/kultur/matchmuseum*

ESSEN & TRINKEN

ANNA-GRETAS MAT OCH BAR
Moderne Tapasbar mit spanischen Köstlichkeiten. *So/Mo geschl. | Kapellgatan 19 am Västra Torget | Tel. 036/71 25 75 | www.annagretas.se | €€*

ÜBERNACHTEN

ELITE STORA HOTELLET
In einem der schönsten Gebäude von Jönköping aus dem 19. Jh. am südlichen Vätternufer ist dieses empfehlenswerte Hotel untergebracht. *135 Zi. | Hotellplan | Tel. 036/10 00 00 | Fax 215 50 25 | www.jonkoping.elite.se | €€€*

AM ABEND

HUSET
Hier kann man die Nacht getrost zum Tag machen: Jönköpings größter Vergnügungstempel bietete Bar, Disko (Musik der 1970er- bis 1990er-Jahre) und Nachtclub (Dance, Hip-Hop, R & B). *Fr/Sa ab 22 Uhr | Mindestalter Fr 18, Sa 20 Jahre | Eintritt vor 23 Uhr 50 SEK, danach 80 SEK | Norra Strandgatan 6 | www.munken.com*

AUSKUNFT

JÖNKÖPINGS TURISTBYRÅ
Resecentrum | Järnvägstationen | Tel. 036/10 50 50 | Fax 10 77 68 | www.jonkoping.se | www.vattern.se

ZIELE IN DER UMGEBUNG

GRÄNNA ⭐   [119 E4]
Kleine Holzhäuser prägen diesen idyllischen Ort (4000 Ew., ca. 30 km nördlich von Jönköping) am Fuß des Grännabergs mit Blick auf den Vättern.

> *www.marcopolo.de/suedschweden*

VÄNERN UND VÄTTERN

Gränna ist für drei Dinge bekannt: den Polarforscher Salomon August Andrée, der Ende des 19. Jhs. den Nordpol mit einem Ballon überqueren wollte, dabei strandete und starb, die *polkagrisar*, rot-weiß gestreifte Zuckerstangen, und das köstliche Knäckebrot. Im *Andréemuseet (Mitte Mai–Ende Aug. tgl. 10–19, sonst tgl. 10–16 Uhr | Eintritt 50 SEK | Brahegatan 38–40 | www.grennamuseum. se)* erfahren Sie alles über den berühmtesten Bürger der Stadt. In der *Knäckebrotbäckerei Fiket (Brahegatan 43 | Tel. 0390/100 57 | www.fiket. se)* dürfen Sie bei der Herstellung zuschauen, probieren und natürlich auch einkaufen.

Hoch über dem Vätternsee liegt das burgähnliche *Romantikhotel Gyllene Uttern (51 Zi. | E4 bis Abfahrt Gränna | Tel. 0390/108 00 | Fax 418 80 | www.gylleneuttern.se | €€€)*. Auskunft: *Gränna Turistbyrå (im Andréemuseum | Tel. 0390/410 10 | Fax 102 75 | www.grm.se)*.

HUSKVARNA [119 E5]

380 Jahre schwedische Industriegeschichte und einen Einblick ins Produktsortiment von der Nähmaschine bis zum Rasenmäher vermittelt das *Husqvarna Fabriksmuseum (5 km östlich von Jönköping | Okt–April Mo–Fr 10–15, Sa/So 12–16, Mai–Sept. Mo–Fr 10–17, Sa/So 12–16 Uhr | Eintritt 40 SEK | Hakarpsvägen 1 | www.husqvarna-museum.nu)*. Übernachten kann man in der prachtvollen *Slottsvilla* 🛜 (20 Zi. | Hakarpsvägen 3 | Tel. 036/14 20 90 | Fax 14 21 90 | www.slottsvillan.se | €€)*.

VISINGSÖ [119 E4]

Die flache Insel im Vätternsee mit Getreidefeldern und Eichenhainen eignet sich hervorragend für einen Tagesausflug mit dem Schiff ab Gränna *(Fahrzeit 20 Min. | Buchung Tel. 0390/410 25 | www.visingso. net)*. Infos: *Visingsö Turistbyrå (Hamnen | Tel. und Fax 0390/401 93 | www.grm.se)*.

MARCO POLO HIGHLIGHTS

⭐ **Glaskogen**
Wildromantisches Naturreservat in Värmland (Seite 61)

⭐ **Elchsafari**
Spannende Ausflüge am Hunneberg (Seite 66)

⭐ **Herrenhof Mårbacka**
Selma Lagerlöfs värmländischer Geburtsort (Seite 62)

⭐ **Fallens dagar**
In Trollhättan werden die gewaltigen Schleusentore geöffnet (Seite 67)

⭐ **Barockschloss Läckö**
Märchenschloss am Vänernsee (Seite 67)

⭐ **Gränna**
Holzhäuser und Zuckerstangen am Vätternsee (Seite 58)

⭐ **Bootstour**
Auf dem Göta-Kanal durch eine herrliche Landschaft gleiten (Seite 63)

⭐ **Vadstena**
Malerische Klosterstadt am Vättern (Seite 64)

KARLSTAD

Das gibt's wohl nur in Dalsland: Mit dem Schiff über den Aquädukt

KARLSTAD

[119 D2] **Am Mündungsdelta des Klarälven liegt die Hauptstadt der Region Värmland (83 000 Ew.) an der Nordseite des Vänern.** Die Universitätsstadt wurde 1584 von Karl IX. gegründet und ist seit 1647 Bischofssitz. Sehenswert ist die Östra Bron, die älteste Steinbrücke Schwedens. Von Karlstad aus lassen sich sehr gut Ausflüge ins waldreiche Värmland unternehmen.

SEHENSWERTES

ALTSTADT
Karlstad wurde von mehreren Bränden heimgesucht. 1865 wurde die Stadt fast vollständig zerstört, nur sieben von 241 Höfen blieben verschont. In der *Älvgatan* vermitteln alte Bürgerhäuser, wie Karlstad vor dem großen Brand ausgesehen hat. Auch die Domkirche, erbaut Anfang des 18. Jhs., und das Bischofspalais (1780) stammen noch aus dieser Zeit.

ESSEN & TRINKEN

Auf der *Kungsgatan* finden Sie zahlreiche Pubs und Restaurants.

CAFÉ IM NATURUM VÄRMLAND
Direkt am Wasser im Mariebergsskogen gelegen, bietet dieses Café Kulinarisches mit Zutaten aus ökologischem Anbau. *Mariebergsskogen | Tel. 054/29 69 87 | www.mariebergs skogen.se | €*

VALFRIDS
Ein Hauch von Mittelmeer weht über Karlstads „Wohnzimmer", wo schwedische Küche mit Spezialitäten des Südens kombiniert wird. *Östra Torggatan 8 | Tel. 054/18 30 40 | www.valfrids.nu | €€*

ÜBERNACHTEN

ALSTRUMS GÅRD
Alter Herrenhof mit gemütlichen Zimmern zu zivilen Preisen. Angeln und Reiten möglich. *6 Zi. | am Riksväg 63 | ca. 10 km nördlich von Karl-*

> www.marcopolo.de/suedschweden

VÄNERN UND VÄTTERN

*stad | Tel./Fax 054/86 60 01 | www.
alstrum.com | €*

■ FREIZEIT & SPORT ■
BOOTSTOUREN
Empfehlenswert sind die Bootstouren mit der *M/S Vestvåg* durch die Schären im Vänernsee oder mit der *M/S Sola* auf dem Klarälven. Infos im Touristenbüro.

■ AUSKUNFT ■
KARLSTAD-HAMMARÖ TURISTBYRÅ
*Bibliotekshuset | Västra Torggatan
26 | Tel. 054/29 84 00 | Fax 29 84 10
| www.karlstad.se/turistinfo*

VÄRMLANDS TURISTRÅD
*Drottninggatan 45 | Tel. 054/
701 10 51 | Fax 701 10 56 | www.
varmland.org*

■ ZIELE IN DER UMGEBUNG ■
BJÖRKBORN   [119 E2]
60 km östlich von Karlstad, bei *Karlskoga*, liegt der *Herrenhof Björkborn*. Er gehörte Alfred Nobel, der hier ab 1894 regelmäßig wohnte und arbeitete. Wohnräume und eine Rekonstruktion des Versuchslabors mit Originalinstrumenten können Sie besichtigen *(Juni–Aug. Di–So 11–16 Uhr,
sonst nur nach Voranmeldung | Eintritt 70 SEK | in Karlskoga über den
Noravägen und den Norrleden in den
Nobelkrutsvägen | Tel. 0586/ 834 94 |
www.nobelmuseetikarlskoga.se)*. Auskunft: *Karlskoga Turistbyrå (Kyrkbacken 9 | Karlskoga | Tel. 0586/614 74 |
Fax 619 60 | www.karlskoga.se)*.

DALSLAND   [118 C2–3]
Schwedens seenreichste Region mit riesigen Wäldern, Heide, Mooren,

glasklaren Seen und Wasserläufen ist ein Paradies für Outdoorfans. Hier wimmelt es nur so von Elchen, Füchsen und Bibern. Im Norden schlängelt sich der fast 250 km lange Dalsland-Kanal, auf dem im Sommer viele Freizeitboote unterwegs sind. Infos: *Dalslands Kanal AB (Kyrkogatan 14 | Åmål | Tel. 0532/104 66 |
Fax 104 77 | www.dalslandskanal.
se)*. Besonders attraktiv ist Dalsland zum Kanufahren. Verleih und Tipps: *Silverlake Canoeing (Brogatan in
Bengtsfors | Tel. 0531/121 73 |
www.silverlake.se)*.

Im *Kroppefjäll*, 130 km südwestlich von Karlstad, lockt der Wanderweg *Karolinerleden*. Phantastische Strände am Vänern sind *Vita Sannar Riviera* oder *Näs Sandar* bei Mellerud (120 km von Karlstad). Auskunft: *Västsvenska Turistrådet
(Kungsportsavenyn 31–35 | Göteborg | Tel. 031/81 83 00 | Fax
81 83 01 | www.vastsverige.com |
www.dalsland.com)*.

GLASKOGEN ★   [118 C1–2]
Das wildromantische Naturreservat zwischen *Arvika* (80 km von Karlstad) und *Årjäng* (100 km entfernt) eignet sich hervorragend zum Wandern und Kanufahren. Günstig übernachten können Sie im *Glava Gäst-Gård (145 Betten | Björkåsen | Glava
| Tel. 0570/409 50 | Fax 405 25 |
www.glavagastgard.se | €)*. Im *Värdshuset Tvällen (variierende Öffnungszeiten | ca. 50 km nördlich von
Arvika, über Gunnarskog und Fredros | Tel. 0570/77 30 24 | www.tval
len.com | €€–€€€)* mitten in der Wildnis stehen Wildschwein, Elch oder Fasan, aber auch Bär auf der

Inside Tipp

MOTALA

Speisekarte. Auch Gästezimmer. Unbedingt vorher anrufen! Auskunft: *Touristenbüros in Årjäng (Storgatan 64 | Tel. 0573/141 36 | Fax 141 35 | www.arjang.se)* und *Arvika (Storgatan 22 | Tel. 0570/817 90 | Fax 817 20 | www.arvika.se, www.glaskogen.se).*

SUNNE UND DAS FRYKENTAL   [119 D1]
Hügel und endlose Wälder prägen die elchreiche Landschaft um den *Frykensee*. Bekanntester Ort ist das Touristenzentrum Sunne 70 km nördlich von Karlstad. Es liegt am schmalen Sund zwischen den Seen Övre Fryken und Mellanfryken. Am Ostufer steht der ⭐ *Herrenhof Mårbacka*. Hier wurde 1858 Selma Lagerlöf geboren („Gösta Berling", „Nils Holgersson"). 1909 erhielt sie den Nobelpreis für Literatur. Sie lebte hier bis zu ihrem Tod 1940. Besichtigung nur mit Führung *(Mitte Mai–*

Mitte Juni, Mitte–Ende Aug. tgl. 11–15, Mitte Juni–Anf. Juli tgl. 10–16, Juli–Mitte Aug. tgl. 10–17, Sept. Sa/So 11–14 Uhr | Eintritt 70 SEK | www.marbacka.s.se).

Toll für Outdoorfans sind spannendes Riverrafting oder eine Floßfahrt auf dem *Klarälven*. Direkt am Frykensee liegt der Herrenhof *Länsmansgården (28 Zi. | Ulfsby Herrgård | Tel. 0565/140 10 | Fax 71 18 05 | 4 km nördlich von Sunne | www.lansman.com | €€).* Die ✹ Gösta-Berling-Suite hat einen tollen Seeblick. Auskunft: *Sunne Turistbyrå (41 Kolsnäsvägen | Sunne | Tel. 0565/167 70 | Fax 167 85 | www.sunne.info).*

Inside Tipp

MOTALA
[119 E3] Das Industriestädtchen (42 000 Ew.) an einer malerischen Bucht steht ganz im Zeichen des Göta-Kanals, der hier in den Vättern mündet. Direkt am Kanal liegt das Grab Graf Baltzar von Platens, dem Erbauer des Kanals. Um

---

> **LOW BUDGET**
>
> ▸ In der *Grenna Polkagriskokeri AB* in Gränna *(Brahegatan 39 | Tel. 0390/100 39 | www.polkagris.com)* können Sie umsonst zusehen, wie die berühmten Zuckerstangen hergestellt werden. Probieren dürfen Sie auch.
>
> ▸ Bei „Solacykel" in Karlstad können Sie Fahrräder für einen Tag kostenlos ausleihen *(am Stora Torget | Mai–Ende Sept. Mo–Fr 7.30–19, Sa 10–15.30 Uhr | Tel. 054/29 85 29).*
>
> ▸ Freien Eintritt bietet das Freilichtmuseum *Gamla Wadköping* in Örebro mit kleinen Läden, Werkstätten und Häusern aus dem 16.–19. Jh. *(Tgl. 11–16 Uhr | www.orebro.se)*

VÄNERN UND VÄTTERN

Eine Kanutour im seenreichen Vänern und Vättern ist ein absolutes Urlaubs-Muss

den umständlichen Weg um die schwedische Südküste abzukürzen, ließ von Platen diese wichtige Wasserstraße zwischen Göteborg und Stockholm anlegen und machte sich dabei die vielen Seen und Wasserläufe der Gegend zu Nutze. 1832 wurde der Kanal eingeweiht. Doch schon bald verlor er durch das Automobil und die Eisenbahn an wirtschaftlicher Bedeutung. Als Touristenattraktion lockt er heute aber jedes Jahr über 2 Mio. Besucher an. Von Platen gründete 1822 auch *Motala Verkstad,* die älteste Maschinenfabrik Schwedens.

SEHENSWERTES

GÖTA KANALUTSTÄLLNING
Um Bau und Geschichte des Göta-Kanals geht es in diesen beiden Ausstellungen auf dem alten Werkstattgelände außerhalb von Motala. *Mai tgl. 12–16, Juni–Aug. tgl. 10–18 Uhr | Eintritt 20 SEK | nahe der Straße 36 Richtung Borensberg | Tel. 0141/ 20 20 50 | www.gotakanal.se*

MOTALA VERKSTAD
Die alten Docks und Fabrikhallen aus Motalas Blütezeit liegen etwa 1 km außerhalb nahe der Straße 36 Richtung Borensberg. *Das Gelände ist frei zugänglich*

ESSEN & TRINKEN

VÄRDSHUSET GÖTA HOTELL
Genießen Sie Fischspezialitäten aus der Region in romantischer Idylle am Göta-Kanal. Auch Übernachtung *(12 Zi. | €€). Götagatan 2 | Borensberg | 18 km von Motala | Tel./Fax 0141/400 60 | www.gotahotell.se | €€*

FREIZEIT & SPORT

BOOTSTOUR ★
Machen Sie eine entspannende Bootstour, und genießen Sie die wunderschöne Landschaft. 5-stündige Touren auf dem Göta-Kanal von Motala nach Borensberg und zurück auf dem *M/S Kung Sverker* bietet *Motala kanaltrafik AB (Mitte Mai–Mitte Sept. tgl. 10.30–15.30 Uhr | 250 SEK | ab Motala Hamn | Tel. 070/626*

62 | 63

MOTALA

02 49 | *www.kungsverker.se*). Im Voraus buchen!

■ AUSKUNFT ■

MOTALA TURISTBYRÅ
Göta kanalbolaghuset | Hamnen | Tel. 0141/22 52 54 | Fax 21 45 57 | www.motala.se | www.gotakanal.se

ÖSTSVENSKA TURISTRÅDET
Näringslivets hus in Norrköping | Drottninggatan 24 | Tel. 011/ 15 51 20 | Fax 19 44 61 | www.oster gotland.info

■ ZIELE IN DER UMGEBUNG ■

BERG   [119 F3]
In dem winzigen Ort am Göta-Kanal (50 km östlich von Motala) liegt eine riesige, sehenswerte Schleusentreppe mit 18 Schleusen. Besonders spannend ist es, wenn die alten Touristendampfer zum Roxensee geschleust werden. Sie müssen einen Höhenunterschied von 37 m überwinden. Der Teilabschnitt zwischen den Kanalorten *Borensberg* und *Berg* gehört zu den schönsten des Göta-Kanals.

LINKÖPING   [119 F4]
Die traditionsreiche Bischofs- und Universitätsstadt (139 000 Ew., 45 km östlich von Motala) ist die Hauptstadt der Region Östergötland. Sehenswert ist das *Freilichtmuseum Gamla Linköping* mit einer kleinen Stadt aus dem 18. und 19 Jh. Viele Kunstgewerbeateliers *(Läden Mo–Fr 10–17.30, Sa, So 12–16 Uhr | das Gelände ist aber ständig frei zugänglich. Die zahlreichen Museen dort haben alle unterschiedliche und wechselnde Öffnungszeiten | Details siehe www.linkoping.se).* Ansehen

sollten Sie sich auch den *Dom* aus dem 12. Jh. mit seiner wuchtigen Barockkanzel und dem Flügelaltar. Auskunft: *Linköpings Turistbyrå | Östgötagatan 5 | Tel. 013/20 68 35 | Fax 20 66 19 | www.linkoping. se).*

ÖREBRO   [119 E–F2]
Stattliches Wahrzeichen der alten Handelsstadt (129000 Ew., 95 km nördlich von Motala) am See Hjälmaren ist das *Schloss* aus dem 14. Jh. auf einer Insel im Fluss Svartån. Es wurde im 16. Jh. im Wasastil mit vier mächtigen Rundtürmen umgebaut. Auskunft: *Destination Örebro (Örebro Slott | Tel. 019/21 21 21 | Fax 10 60 70 | www.orebro.se/turism).*

RÖK   [119 E4]
Etwa 40 km südwestlich von Motala steht Schwedens größter und bedeutendster Runenstein. Der Wikingerhäuptling Varin ließ den Rökstenen Anfang des 9. Jhs. zur Erinnerung an seinen verstorbenen Sohn Värmod aufstellen. Rund 700 Zeichen wurden in den 2,5 m hohen Stein geritzt.

VADSTENA ★   [119 E3–4]
Alte Holzhäuser und enge Gassen prägen das mittelalterliche Städtchen (8000 Ew., 6 km südwestlich von Motala) am Vättern. Dank des berühmten *Birgittaklosters* aus dem 14. Jh. war es lange kulturelles Zentrum des Landes. Birgitta Gudmarsson (1303–1373), gründete den Orden der Birgittiner und ein Kloster für Mönche und Nonnen. Birgitta wurde 1391 heilig gesprochen. In der gotischen *Klosterkirche (Mai, Juni, Aug. tgl. 9–19, Juli tgl. 9–20, Sept. bis Dez. tgl. 11–15.30 Uhr)* wird ihr

> *www.marcopolo.de/suedschweden*

VÄNERN UND VÄTTERN

Schädel aufbewahrt. Im *Sancta Birgitta Klostermuseum* dreht sich alles um Leben und Wirken der Heiligen und das Kloster *(Juni, Aug. tgl. 11–16, Juli tgl. 11–18, Mai, Sept.–Anf. Okt. Sa/So 11–16 Uhr | Eintritt 50 SEK | Jungfrustigen 1).*

Das *Vadstena Slott* aus dem 16. Jh. ließ Gustav Wasa als Verteidigungsanlage errichten. Später wurde es zu einem eleganten Renaissanceschloss umgebaut *(Mai tgl. 10–16, Juni–Mitte Aug. tgl. 10–18, Mitte–Ende Aug. tgl. 10–17, Sept. Mo–Fr 10–15 Uhr| Eintritt 55 SEK).*

Historisches Klosterambiente bietet das *Vadstena Klosterhotel* direkt am Vätternsee *(günstige Zimmer im Gebäude* Vita Villan *| Klosterområdet | Tel. 0143/315 30 | Fax 136 48 | www.klosterhotel.se | €€€).* Auskunft: Vadstena Turistbyrå (Vadstena Slott | Tel. 0143/315 70 | Fax 315 79 | www.tidernaslandskap.se).

Insider Tipp

VÄNERSBORG

[118 C4] **Die idyllische Kleinstadt Vänersborg (37000 Ew.) liegt an der südlichen Spitze des Vänernsees.** Die Gegend östlich des Ortes rund um die 155 m hohen Plateauberge Halle- und Hunneberg (Naturreservat) zählt zu den elchreichsten Regionen Schwedens. Kein Wunder, dass die große Attraktion hier Elchsafaris sind.

SEHENSWERTES

KUNGAJAKTMUSEET ÄLGENS BERG

In *Vargön* (5 km) erfahren Sie alles über den Elch und die traditionelle Elchjagd der Schwedenkönige auf dem Hunneberg. *Sept.–Mitte Feb. Di–Fr 11–16, Mitte Feb–Ende Mai*

Sieht aus und hört sich an wie ein ganz altes Städtchen: Freilichtmuseum Gamla Linköping

64 | 65

VÄNERSBORG

Di–So 11–16, Juni–Aug. tgl. 11–18, Uhr | Eintritt 60 SEK | Älgens Berg | Värgon | www.algensberg.com

■ ESSEN & TRINKEN
CAFÉ SKOGSHYDDAN
Sommercafé am Vänerufer. Spezialität: frische Waffeln. *Mai Mo–Fr 15–20, Sa/So 12–20, Juni/Juli Mo–Fr 13–21, Sa/So 12–21, Aug. Mo–Fr 15–21, Sa/So 12–21 Uhr | nahe Folkets Park und Dalbobrücke | Tel. 0521/127 74 | www.skogshyddan.com | €*

■ FREIZEIT & SPORT
ELCHSAFARI ⭐
Von Vänersborg aus werden Bustouren zum Hunneberg angeboten, inkl.

Besuch des Kungajaktsmuseets und Elchsnack. Mit etwas Glück klappt's auch mit einem Elch fürs Erinnerungsfoto. *Juli/Aug. Mo, Do 18.30 Uhr, 3 Std. | 250 SEK | ab Bahnhof in Vänersborg | Buchung im Touristenbüro*

■ AUSKUNFT
VÄNERSBORGS TURIST
Järnvägsstationen | Tel. 0521/27 14 00 | Fax 27 14 01 | www.vanersborg.se, www.vastsverige.com

■ ZIELE IN DER UMGEBUNG
LIDKÖPING [119 D3]
Das hübsche Städtchen (37 500 Ew., etwa 65 km nordöstlich von Väners-

> BÜCHER & FILME
Viel Verstörendes zwischen Himmel und Erde

> **Made in Sweden** – Eindrucksvolle Einblicke ins Malmöer Arbeitermilieu der 1970er- und 1980er-Jahre bietet Torbjörn Flygts Roman, der zugleich die Schwierigkeiten des Erwachsenwerdens eines 11-Jährigen schildert.

> **Die Aprilhexe** – Majgull Axelsson erzählt literarisch anspruchsvoll und enorm packend die verstörende Geschichte von vier Schwestern.

> **Tatort Skåne** – Äußerst brutal sind die Morde, die Kommissar Kurt Wallander im südschwedischen Ystad aufzuklären hat. Henning Mankells Sozialkrimis um den einsamen Polizisten, zählen inzwischen schon zu den Klassikern. Besonders zu empfehlen: „Die fünfte Frau" und „Mittsommermord"

> **Wie im Himmel** – Nach einem Zusammenbruch kehrt Stardirigent Daniel Daréus in sein Dorf zurück. Als

Leiter des Kirchenchors gibt er den Sängern – und sich selbst – mit Hilfe der Musik Selbstbewusstsein und Lebensfreude zurück. Kay Pollacks Film war 2005 für einen Oscar nominiert.

> **Evil. Das Böse** – Schweden in den 1950er-Jahren: Der 16-jährige Erik wird auf das Eliteinternat Stjärnsberg in Sörmland geschickt. Demütigung und Unterdrückung sind dort die pädagogischen Prinzipien. Spannend und berührend verfilmte Mikael Håfström die Jugend des schwedischen Erfolgsautors Jan Guillou. Oscarnominierung 2004

> **Raus aus Åmål** – Regisseur Lukas Moodysson erzählt vom schwierigen Erwachsenwerden in einer trostlosen schwedischen Kleinstadt und der Liebe zwischen den Mädchen Agnes und Elin (1998).

VÄNERN UND VÄTTERN

borg) mit seinen alten Handelshäusern liegt an der malerischen Vänernbucht Kinneviken, die sich sehr gut zum Baden und Windsurfen eignet. 25 km nördlich von Lidköping steht gen, ist bekannt für den gigantischen *Wasserfall des Göta älv*, ihre riesige *Schleusenanlage* und ihre Kraftwerke. Der Fluss hat hier eine Fallhöhe von 32 m. Im 18. Jh. wurde mit

Lassen Sie die Elchschilder hängen und gehen Sie lieber auf Fotopirsch am Hunneberg

auf einer Halbinsel im Vänern das traumhaft schöne ★ *Barockschloss Läckö (Führungen Mai–Aug. tgl. 11–17 Uhr zu jeder vollen Stunde, Sept. tgl. 11–15 Uhr | Eintritt 70 SEK | Tel. 0510/103 20 | www.lackoslott.se)*, in dem Ausstellungen und im Sommer Konzerte stattfinden. Es gibt außerdem ein Café *(€)*, ein Restaurant *(€€)* und eine Badestelle. Auskunft: *Götene-Lidköping Turistbyrå (Stationshuset | Bangatan 3 | Tel. 0510/200 20 | Fax 271 91 | www.lackokinnekulle.se)*.

TROLLHÄTTAN [118 C4]
Die Industriestadt (54 000 Ew.), etwa 15 km südlich von Vänersborg gelegen, dem Bau einer Schleusenanlage begonnen, die dann später mehrmals erweitert wurde. Spektakuläres Ereignis in Trollhättan sind die ★ *Fallens dagar* im Juli. Dann werden die riesigen Schleusentore geöffnet *(12–20 Uhr alle 2 Std. | um 23 Uhr mit angestrahlten Schleusen)* und ein viertägiges großes Volksfest mit Handwerkermesse, Musik und Tanz gefeiert. Bei jeder Öffnung rauschen bis zu 300 000 l Wasser pro Sekunde durch die Schleusen. Am besten sehen Sie von der Brücke Oscarsbron. Auskunft: *Visit Trollhättan AB (Åkerssjövägen 10 | Tel. 0520/48 84 72 | Fax 48 84 24 | www.visittrollhattan.se)*.

66 | 67

> WÄLDER, SEEN UND SCHÖNE INSELN

Stille und Abgeschiedenheit auf dem Festland, lange Sandstrände auf den Inseln

> Ein rotes Holzhaus am See, riesige Wälder und jede Menge Elche – das typische Schwedenbild ist in Småland Wirklichkeit. Hier gibt es unberührte Natur, fischreiche Gewässer und Blaubeeren soweit das Auge reicht. Mittendrin liegt das *Glasriket* mit seinen traditionellen Glashütten. Besonders bekannt ist Småland aber durch Astrid Lindgren, die in der Nähe von Vimmerby aufwuchs. Für Familien mit Kindern ein Muss: der Park *Astrid Lindgrens Värld*.

Unzählige Schäreninseln prägen die lange Ostküste Smålands und Östergötlands, ein Bade- und Seglerparadies. Gotland und Öland, die Sonneninseln in der Ostsee mit langen Stränden, sind perfekt zum Radfahren und ideal für einen Urlaub mit Kindern.

GOTLAND
[121 E5–6] ★ Total unschwedisch ist sie, Schwedens größte Insel in der Ostsee

Bild: Langhammars Raukar, Felsformationen auf der Insel Fårö vor Gotland

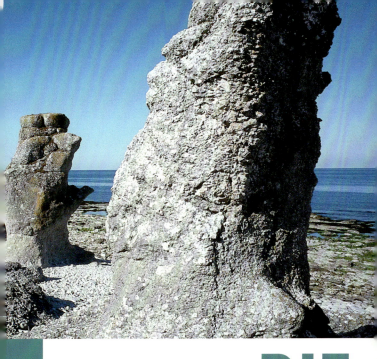

DIE OSTKÜSTE

(3140 km², 57000 Ew.). Fast 100 km vom Festland entfernt, ist das Klima viel milder, die Vegetation vielfältiger und üppiger. Bizarre Felsformationen, *raukar,* sind ebenfalls typisch für die Insel. Schon unter den Wikingern entwickelte sich Gotland mit der Hauptstadt Visby zu einem wichtigen, reichen Handelszentrum. 1361 beendete der Dänenkönig Valdemar Atterdag die Blütezeit. Die Insel wurde geplündert und fiel erst 1679 zurück an Schweden. Gotland hat wichtige Kulturschätze: Grabfelder aus der Bronzezeit, Runensteine der Wikinger und rund 100 Kirchen. *Fähre ab Nynäshamn oder Oskarshamn (mehrmals tgl. | Fahrzeit ca. 3 Std. | www.destinationgotland.se)*

■ SEHENSWERTES

FÅRÖ [121 E–F4] *Insider Tipp*

Bizarre Felsformationen, lange Sandstrände und natürlich Schafe

68 | 69

GOTLAND

sind typisch für die „Schafinsel" an der Nordspitze Gotlands. Die schönsten *raukar* gibt es bei *Digerhuvud* an der Westküste. Übernachten Sie im *Fårögårdens Vandrarhem/Bed & Breakfast (8 Zi. | Mai– Sept. | nahe dem Sudersand-Strand | Tel. 0498/20 33 00 | Fax 20 33 90 | www.gotlands*

tgl. 10–18, Mitte Sept.–Mitte Mai Di–So 12–16 Uhr | Eintritt 60 SEK | Strandgatan 14 | Visby | www.lans museetgot land. se

RAUKAR
Felsformationen aus Kalkstein, die im Laufe der Jahrtausende durch

Zehn Minuten braucht die Fähre von Gotland nach Farö, wo endlose Strände locken

turistservice.com | €*). Kostenlose Fähre ab Fårösund (Dauer 10 Min. | 5.30–23 Uhr halbstündlich, nicht 9 und 12.30 Uhr | Tel. 0705/34 08 18 | www.gotlandinfo.se).*

GOTLANDS FORNSAL [121 E5]
Das historische Museum bietet einen Überblick von der Stein- bis zur Neuzeit auf Gotland mit Runensteinen, Gold- und Silberschätzen, Ritterrüstungen und einem Keller aus der Hansezeit. *Mitte Mai–Mitte Sept.*

Erosion ihre längliche Gestalt erhielten. Die schönsten liegen bei *Lickershamn* (Nordwesten), *Folhammar* (Osten), *Lergrav* (Nordosten), *Holmhällar* (Süden) und auf *Farö*.

VISBY [121 E5]
Kopfsteinpflastergassen, duftende Rosenbüsche, alte Handelshäuser mit stattlichen Treppengiebeln machen das Flair der einstigen Hansestadt Visby (ca. 23 000 Ew.) aus. Ihr mittelalterlicher Kern mit vielen klei-

> *www.marcopolo.de/suedschweden*

DIE OSTKÜSTE

nen Geschäften, Cafés und Restaurants ist gut erhalten und liegt innerhalb einer 3,5 km langen und 11 m hohen Stadtmauer, dem Wahrzeichen Visbys. Von den ehemals 13 Kirchen sind inzwischen zehn Ruinen, nur in der *Sta. Maria kyrka,* der Domkirche (1225), wird noch Gottesdienst gehalten. Seit 1995 gehört Visby zum Weltkulturerbe der Unesco.

■ ESSEN & TRINKEN

VÄRDSHUSET LINDGÅRDEN   [121 E5]

Alter Gasthof mit romantischem Garten und gotländischen Spezialitäten. *8 Zi. | Strandgatan 26 | Tel. 0498/ 21 87 00 | www.lindgarden.com | €€*

■ ÜBERNACHTEN

sider pp **ST. CLEMENS HOTELL**   [121 E5]

Kleines, persönliches Hotel in Visby mit eigener Klosterruine im romantischen Innenhof. *32 Zi. | Smedgjegatan 3 | Tel. 0498/21 90 00 | Fax 27 94 43 | www.clemenshotell.se | €€*

■ FREIZEIT & SPORT

STRÄNDE

Die herrlichsten Sandstrände finden Sie bei *Tofta* an der Westküste, *Katthammarsvik* und *Ljugarn* an der Ostküste oder bei *Sudersand* auf Fårö.

■ AUSKUNFT

VISBY TURISTBYRÅ   [121 E5]

Skeppsbron 4–6 | Visby | Tel. 0498/ 20 17 00 | Fax 20 17 17 | www.gotland.info | www.gotland.net

KALMAR

[123 F3] ★ **61 000 Menschen leben in der bedeutenden Hafen- und Hansestadt am Kalmarsund gegenüber der Insel Öland.** Barock- und Renaissancegebäude, alte Stadttore, viele kleine Läden, Parks und Cafés verleihen der Kleinstadt eine besondere Atmosphäre.

■ SEHENSWERTES

KALMAR LÄNS MUSEUM

Die Reste des Kriegsschiffes Kronan aus dem 17. Jh. können Sie hier besichtigen. *Mitte Aug.–Juni Mo–Fr 10–16, Sa/So 11–16, Juli–Mitte Aug. tgl. 10–18 Uhr | Eintritt 50 SEK | Skeppsbrogatan 51 | Ångkvarnen | www.kalmarlansmuseum.se*

KALMAR SLOTT

Kanonen, Wachtürme und Wallgraben prägen das gewaltige Schloss, in dem 1397 die Kalmarer Union, der Zusammenschluss der Königreiche Dänemark, Norwegen und Schweden, beschlossen wurde. Im 16. Jh.

MARCO POLO HIGHLIGHTS

★ **Söderköping**
Malerischer Ort am Göta-Kanal
(Seite 75)

★ **Gotland**
Die größte Insel:
Mild, bizarr und unschwedisch
(Seite 68)

★ **Glasriket**
Traditionsreiche Glashütten
(Seite 76)

★ **Kalmar**
Idyllisches Hansestädtchen
mit imposantem Schloss
an der Ostsee (Seite 71)

ÖLAND

dann ließ Gustav Wasa die mittelalterliche Trutzburg zu einem prachtvollen Renaissanceschloss umbauen. *Mai, Juni, Sept. tgl. 10–16, Juli tgl. 10–18 Uhr, Aug. tgl. 10–17 Uhr | Eintritt 75 SEK | www.kalmar slott.kalmar.se*

KVARNHOLMEN

1647 brannte die Holzstadt Kalmar ab und wurde auf der Insel Kvarnholmen wieder aufgebaut. Heute finden Sie in dem wunderschönen Altstadtviertel rund um den Stortorget viele sorgfältig renovierte Häuser, das malerische mittelalterliche Rathaus und die Domkirche.

ESSEN & TRINKEN

Rund um den *Larmtorget* finden Sie viele Kneipen und Restaurants.

HELÉN OCH JÖRGENS

Ausgezeichnete schwedische Küche mit Asien- und Mittelmeertouch. *Olof Palmes Gata 2 | Tel. 0480/ 288 30 | www.helen-jorgens.nu | €€*

ÜBERNACHTEN

HOTELL HILDA 🔊

Hell, freundlich und modern sind die Zimmer in diesem kleinen Hotel, das nur 300 m vom Zentrum entfernt liegt. *8 Zi. | Esplanaden 33 | Tel. 0480/547 00 | www.hotellhilda.se | €€*

AUSKUNFT

KALMAR TURISTBYRÅ

Ölandskajen 9 | Tel. 0480/41 77 00 | Fax 41 77 20 | www.kalmar.se/turism

ÖLAND

[123 F1–3] Sonne satt, ein breites Angebot an sportlichen Aktivitäten und superlange Sandstrände machen Öland (25 000 Ew.) zu einem überaus beliebten Ferienziel besonders bei Radfahrfans und Familien mit Kindern. Es gibt auf Öland rund 400

Kalmar Slott: Massige Kombi aus mittelalterlicher Burg und Renaissanceschloss

DIE OSTKÜSTE

typische Windmühlen und zahlreiche Stätten aus vorgeschichtlicher Zeit – Gräber, Runensteine oder Steinsetzungen.

■ SEHENSWERTES ■

BORGHOLM   [123 F2]

Rummel, Billigläden und massenweise Touristen prägen den Hauptort (3000 Ew.) Ölands. In der Nähe der Stadt liegt die Ruine der ehemaligen *Burg Borgholm,* die 1806 bis auf ein paar Mauern abbrannte *(April, Sept. tgl. 10–16, Mai–Aug. tgl. 10–18 Uhr | Eintritt 50 SEK | www.borgholms slott.se).*

Bei Borgholm liegt auch *Schloss Solliden,* die Sommerresidenz der Königsfamilie. Nur der große Park ist für die Allgemeinheit geöffnet *(Mitte Mai–Mitte Sept. tgl. 11–18 Uhr | Eintritt 65 SEK | www.solli densslott.se).* Am Victoriatag, dem 14. Juli, können Sie den volksnahen Royals live erleben. Der Geburtstag der Kronprinzessin wird jedes Jahr groß auf Öland gefeiert.

KARUMS ALVAR   [123 F2]

Großes Gräberfeld aus der Eisenzeit, 15 km südlich von Borgholm mit der langen schiffsförmigen Steinsetzung *Arche Noah.*

LÅNGE JAN ☼   [123 F3]

Schwedens höchster Leuchtturm (41,6 m) steht an der Südspitze Ölands. Nach 197 Treppenstufen eröffnet sich ein toller Blick.

STORA ALVARET   [123 F3]

Riesige Kalksandsteinsteppe im Süden der Insel mit teilweise mediterran anmutender Vegetation. Im Frühjahr ein einziges Blütenmeer. Gehört zum Weltkulturerbe der Unesco.

VIDA KONSTHALL   [123 F2]

Die schwedischen Glasdesigner Bertil Vallien und Ulrica Hydman-Vallien stellen hier ihre Objekte aus. Außerdem Kunst der frühen 1960er-Jahren bis zum Allerneuesten in Sachen Skulptur, Glas, Keramik, Malerei und Design. *Mai, Juni, Aug., Sept. tgl. 10–17, Juli tgl. 10–18 Uhr | Eintritt 40 SEK | an der Straße 136 bei Halltorp | www.vidamuseum.com*

＞LOW BUDGET

▸ Der *Glasriket Pass* gilt für alle 15 Glashütten und gewährt eine kostenlose Führung, freien Eintritt pro Hütte sowie verschiedene Rabatte, z. B. im Fabrikverkauf von *Boda, Kosta* oder *Orrefors.* Für 95 SEK in den Glasbläsereien und den Touristenbüros erhältlich *(www.glasriket.se).*

▸ Auf zu Michel und nach Bullerbü! In Sevedstorp bei Vimmerby liegen die drei Höfe aus den Bullerbü-Filmen (Besichtigung nur von außen). Das *Katthult* aus den Michel-Filmen der 1970er-Jahre heißt eigentlich Gibberyd und liegt bei Rumskulla *(15 km südwestlich von Vimmerby | Eintritt 20 SEK | www.katthult.se).*

▸ Günstig übernachten (ab 27 Euro) auf einer Leuchtturminsel im Kalmarsund! Auf Garpen können Sie baden, ein Ruderboot mieten oder vom ☼ Leuchtturm den herrlichen Ausblick genießen. Buchung über das Touristenbüro in *Bergkvara | Tel. 0486/204 37 | www.torsas.se/tu rism, www.garpen.se*

72 | 73

ÖLAND

ESSEN & TRINKEN

HALLTORPS GÄSTGIVERI [123 F2]
Berühmt und ausgezeichnet für seine exklusive Küche ist dieser Gasthof am Kalmarsund, in dem Sie auch

Windmühle auf Öland

übernachten können, wenn Sie mögen. *36 Zi. | zwischen Färjestaden und Borgholm | Tel. 0485/850 00 | Fax 850 01 | www.halltorpsgastgiveri.se | €€€*

SOLBERGA GÅRD [123 F2] *Inside Tip*
Hier wird mit Zutaten aus Bioanbau gekocht und gebacken. Herrlicher Garten. Auch Zimmer. In Köpingsvik 50 m hinter Geschäft „Bomans" rechts abbiegen, danach ausgeschildert. *20 Zi. | Tel./Fax 0485/726 46, Tel. 720 60 | www.solbergagard.se | €*

ÜBERNACHTEN

VÄRDSHUSET BRIGGEN TRE LILJOR [123 F2]
Altes Brauhaus (17. Jh.) mit öländischem Ambiente. *20 Zi. | Lofta | Über die Straße 136, 25 km nördl. von Borgholm | Tel. 0485/264 00 | www.briggentreliljor.com | €€*

FREIZEIT & SPORT

RADFAHREN
Überall auf Öland, z. B. bei *Hallbergs Hojjar (Borgholm | Köpmangatan 19 | Tel. 0485/109 40)* können Sie Räder mieten.

STRÄNDE
Kinderfreundliche Sandstrände gibt es bei *Böda* und *Högby*, die aber leider sehr überlaufen sind.

AM ABEND

BORGHOLM STRANDHOTEL [123 F2]
Hier ist Party angesagt! *Nachtclub mit Livemusik und Bar nur Mitte Juni–Anfang Aug., Di–So 22–2 Uhr | Eintritt 80–110 SEK | Mindestalter 20 Jahre | Villagatan 4 | Borgholm | www.sommarstrand.se*

AUSKUNFT

TRÄFFPUNKT ÖLAND [121 F3]
An der Brücke in Färjestaden | Tel. 0485/56 06 00 | Fax 56 06 05 | www.olandsturist.se

> *www.marcopolo.de/suedschweden*

DIE OSTKÜSTE

SÖDERKÖPING

[120 C3–4] ★ Romantisch am Göta-Kanal liegt dieses idyllische Städtchen (14 000 Ew.) mit seinen buckeligen, engen Kopfsteinpflastergassen, den bunten Holzhäusern und seinem hübschen Rathaus aus dem 18. Jh. Sehenswert sind die beiden Kirchen *Drothem* und *St. Laurentii* aus dem 13. Jh. Vom ☀ *Ramunderberget* haben Sie einen sehr schönen Blick auf die Stadt. Bereits im 18. Jh. entdeckte man hier eine Mineralquelle, die Söderköping zu einem bekannten und beliebten Kurort machte. Einen weiteren Aufschwung erfuhr die Stadt zeitweise durch den Göta-Kanal, der 1832 in Mem bei Söderköping eingeweiht wurde.

■ ÜBERNACHTEN

**SÖDERKÖPINGS
KONFERENS & PENSIONAT**
Diese kleine Pension besitzt den Charme der Jahrhundertwende und liegt mitten im Stadtzentrum. *8 Zi. | Bielkegatan 10 | Tel. 0121/152 60 | Fax 143 43 | www.sodkop.se | €€*

■ AUSKUNFT

SÖDERKÖPINGS TURISTBYRÅ
Margaretagatan 19 | Stinsen | Tel. 0121/181 60 | Fax 185 81 | www.ostergotland.info, www.gotakanal.se

■ ZIELE IN DER UMGEBUNG ■

NORRKÖPING [120 C3]
Die alte Arbeiterstadt (126 000 Ew.) war berühmt für ihre Textilfabriken und Baumwollspinnereien. Die Fabrikgebäude des 18. und 19. Jhs. stehen noch immer am Fluss *Motala Ström*. Architektonisch besonders schön ist das „Bügeleisenhaus" von 1917 mit dem Museum der Arbeit (*Mi–Mo 11–17, Di 11–20 Uhr | Eintritt frei | Laxholmen | www.arbetetsmuseum.se*). Auskunft: *Destination Norrköping (Holmentornet | Dalsgatan 9 | Tel. 011/ 15 50 00 | www.destination.norrkoping.se). 17 km nordwestlich*

ST. ANNAS SKÄRGÅRD [121 D4]
Ein Urlaubsparadies zum Baden, Segeln und Entspannen sind die Schären von St. Anna (*www.sanktanna.com). 40 km südöstlich*

> ALLEMANSRÄTT
Freier Zugang zur Natur für jedermann

Die Natur ist der Schweden höchstes Gut, deshalb wird sie auch mit einem einzigartigen Gesetz geschützt. Den Aufenthalt im Freien und den Umgang mit Flora und Fauna regelt das schwedische *Allemansrätt* (Jedermannsrecht). Es erlaubt jedem das Benutzen privater Wege zu Fuß, auf Skiern oder mit dem Rad, das Bootfahren auch auf privaten Gewässern oder das freie Zelten (gilt für eine Nacht, allerdings nicht in der Nähe von Privathäusern) – natürlich nur unter der Bedingung, dass der Natur kein Schaden zugefügt wird und man die Privatsphäre anderer nicht stört. Verboten ist das Pflücken geschützter Pflanzen, das Zurücklassen von Abfall oder das Feuermachen auf Klippen. Das *Allemansrätt* funktioniert nur, wenn jeder rücksichtsvoll und verantwortungsbewusst mit der Natur umgeht, auch die Touristen.

VÄXJÖ

VÄXJÖ

[123 D2] **Die Stadt Växjö (79 000 Ew.) liegt an einer großen Seenplatte und war schon zu Zeiten der Wikinger ein wichtiges Handelszentrum.** Seit 1172 ist die Domstadt Bischofssitz.

SEHENSWERTES

UTVANDRARNAS HUS
Schwere Hungersnöte ließen von 1850 an bis 1930 rund 1 Mio. Schweden nach Amerika auswandern. Hier wird ihre Geschichte dokumentiert. *Mai–Aug. Mo–Fr 9–17, Sa/So 11–16, Sept.–April Di–Fr 9–16, Sa 11–16 Uhr | Eintritt 40 SEK | Vilhelm Mobergs gatan 4 | www.utvandrarnas hus.se*

ESSEN & TRINKEN

WIBROVSKI
Freien Blick auf die exquisite Küche bietet das Lokal in Växjös ältestem Gebäude von 1792. *Sandgärdsgatan 19 | Tel. 0470/74 04 10 | €€*

AUSKUNFT

VÄXJÖ TURISTBYRÅ
Västra Esplanaden 7 | Tel. 0470/414 10 | Fax 79 69 75 | www.turism.vaxjo.se | www.visit-smaland.com

ZIELE IN DER UMGEBUNG

ÄDELFORS [123 E1]
Versuchen Sie Ihr Glück und gehen Sie unter die Goldwäscher! Bei *Guldströms* in Ädelfors am kleinen Fluss Emån, ca. 80 km nordöstlich von Växjö, herrscht absolutes Klondike-Feeling. *Ende Juni–Mitte Aug. tgl. 10–17 Uhr | mit Anleitung 290 SEK, ohne 190 SEK | Anfahrt über Straße 23 und 31 Richtung Vetlanda, dann auf die 127 Richtung Oskarshamn | Tel. 0383/46 00 00 | www.guldstrom.se*

Inside Tip

GLASRIKET ★ [123 E2–3]
Mitten in den småländischen Wäldern (etwa 50 km östlich von Växjö) versteckt sich das Glasriket (Glasreich), benannt nach den traditions-

In Astrid Lindgrens Geburtsort Vimmerby sind auch Pippi und Co. zu Hause

DIE OSTKÜSTE

reichen Glashütten der Gegend. 1742 wurde mit *Kosta* die erste Glashütte (*glasbruk*) Schwedens gegründet. An die 200 Hütten folgten. Heute sind noch 15 in Betrieb, die Sie besichtigen können. Auch Fabrikverkauf. Infos unter *www.glasriket.se*

An der Straße zwischen Kosta und Orrefors, ca. 3 km von Kosta, liegt *Grönåsens Älgshop* (April–Okt. tgl. ab 10 Uhr | Tel. 0478/507 70 | *www.moosepark.net*) mit riesiger Auswahl an Elchsouvenirs und lebenden Elchen im *älgpark* (Eintritt 35 SEK). Übernachten können Sie im gemütlichen *STF Vandrarhem Orrefors* (53 Betten | Silversparregatan 14 | Tel./Fax 0481/300 20 | *www.svenska turistforeningen.se/orrefors* | €).

Insider Tipp

VIMMERBY

[123 E1] In dieser alten småländischen Kleinstadt (16 000 Ew.) dreht sich alles um die berühmteste Kinderbuchautorin der Welt. Hier wurde Astrid Lindgren 1907 auf dem Hof Näs geboren, hier wuchs sie auf und ihr allein hat die sonst eher unscheinbare Stadt ihre Bekanntheit zu verdanken. Lindgrens Grab liegt auf dem Friedhof in Vimmerby (*Norra Industrigatan/Lundgatan*).

SEHENSWERTES

ASTRID LINDGRENS NÄS
Astrid Lindgrens Elternhaus (nur mit Führung im Sommer) sowie eine Ausstellung, die dem Leben und Schaffen der Autorin gewidmet ist (Pavillon), sind hier zu sehen. *Ende Mai–Anf. Sept. tgl. 10–18 Uhr | Eintritt 65 SEK | Prästgårdsgatan 24 | Tel. 0492/76 95 83 | www.alg.se*

ÜBERNACHTEN

PIPPIS SOMMARHOTELL
Preiswerte Unterkunft für Familien mit Kindern. *25 Zi. | Mai–Aug. | Tallholmen bei Vimmerby (1 km), Straße 34 Richtung Kalmar, Ausfahrt Åbro |*

In einer der traditionsreichen Glashütten bei Växjö

Tel. 0492/122 59 | Fax 137 09 | www.pippishotel.se | €

AUSKUNFT

VIMMERBY TURISTBYRÅ
Rådhuset | Stora Torget | Tel. 0492/310 10 | Fax 130 65 | www.turism.vimmerby.se, www.visit-smaland.com

ZIELE IN DER UMGEBUNG

GRETA-GARBO-MUSEUM HÖGSBY [119 F6]
Kleine, wunderschöne Fotoporträtsammlung der Göttlichen. *Mitte Juni–Ende Aug. Di–Fr 11–17, Sa/So 11–15 Uhr, sonst nach Vereinbarung | Eintritt 25 SEK | Tel. 0491/291 36 | Storgatan 26 | www.garbosallska pet.hogsby.se*

Insider Tipp

> HAUPTSTADTFLAIR UND SOMMERFRISCHE

Schwedens schwimmende Hauptstadt lebt vom Wasser –
im Sommer wie im Winter

 KARTE IN DER HINTEREN UMSCHLAGKLAPPE

> Grüne Kupferdächer, die in der Sonne funkeln, goldgelbe Bürgerhäuser, die im klaren nordischen Licht warm leuchten, prachtvolle Renaissancegebäude, die Reichtum und Wohlstand der Stadt erkennen lassen – Stockholm [121 E2], die strahlende Hauptstadt des Nordens, zählt zu den schönsten Metropolen der Welt.

Und zu den saubersten und grünsten. Wo sonst kann man mitten im Stadtzentrum unbesorgt baden oder dicke Lachse aus dem kristallklaren Wasser fischen? Wo sonst hat man mitten in der Innenstadt einen geschützten Nationalpark mit 56 km² Grünflächen?

Auf 14 Inseln liegt Stockholm am Übergang vom süßen Mälarsee zur salzigen Ostsee, umgeben von jeder Menge Wasser, das im Sommer herrlich glitzert und im Winter zu Eis erstarrt. Mit dem phantastischen Schärenparadies vor der Tür, rund 24000

Bild: Das Kulturhaus am Sergelstorg in Stockholm

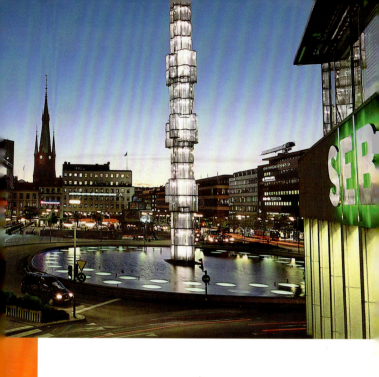

STOCKHOLM

Inseln, die zum Baden, Segeln, Schlittschuhlaufen, Wandern und Entdecken einladen. Mit kostbaren Kunstschätzen in über 70 Museen, Kirchen und Schlössern. Und natürlich einem abwechslungsreichen Angebot an Festen, Konzerten, Theatern, Kinos, Bars, Clubs und Restaurants. Jung und weltoffen präsentiert sich die schwedische Hauptstadt Besuchern. Die fast 2 Mio. Einwohner des Großraums Stockholm (787 000 davon im Zentrum) sind mit Recht stolz auf ihre vielseitige Stadt, die 2002 ihren 750. Geburtstag feierte.

In Stockholm wird seit 2007 eine Mautgebühr für Autos erhoben. Sie gilt aber nur für in Schweden zugelassene Fahrzeuge. In den Stockholmer Bussen können Sie keine Fahrscheine kaufen. Streifen-, Tages- und Monatskarten gibt es an den U-Bahnstationen (gekennzeichnet mit einem T für *Tunnelbana*) oder im *Pressby-*

Ein bisschen Venedig, nur kühler: Blick auf das Stockholmer Schloss auf Gamla Stan

rån. Einzelfahrscheine am Haltestellenautomaten sind deutlich teurer.

SEHENSWERTES

DJURGÅRDEN [U E–F 3–4]

Die Insel war einst königliches Jagdrevier, in dem Schwedens Herrscher Rotwild jagten. Im Lauf des 18. Jhs. entwickelte es sich zu einem Naherholungsgebiet mit Wiesen und Wäldern. Viele Restaurants, Cafés und Museen gibt es hier: das *Vasamuseum,* das *Nordische Museum* oder das *Freilichtmuseum Skansen.* Auch Schwedens ältester Freizeitpark, *Gröna Lund,* und *Junibacken,* wo man Figuren aus Astrid Lindgrens Büchern trifft, liegen auf Djurgården. *Bus 44, 47: Nordiska museet, Skansen*

GAMLA STAN ★ [U B–C 3–5]

Das Herz Stockholms ist seine pittoreske Altstadt, Gamla Stan, mit vielen Cafés, Restaurants und kleinen Geschäften. Sie liegt auf drei Inseln: *Helgeandsholmen* mit dem Reichstag, *Riddarholmen* mit verschiedenen Adelspalästen und der *Riddarholmskyrkan,* in der einige schwedische Könige beigesetzt sind. Am malerischsten ist aber *Stadsholmen* mit seinem mittelalterlichen Ambiente. Schöne alte Bürgerhäuser liegen am *Stortorget.* Das ehemalige Börsenhaus (1778) ist heute Sitz der Schwedischen Akademie (bestimmt den Literaturnobelpreisträger) und des *Nobelmuseums.* In Stockholms Dom und Krönungskirche, der *Storkyrka (Mai–Sept. tgl. 9–18, Okt.–April tgl. 9–16 Uhr | Eintritt 25 SEK | www.stockholmsdomkyrkoforsamling.se)* von 1306 im Stil des italienischen Barock, gaben sich auch König Carl XVI. Gustaf und Königin Silvia 1976 das Jawort.

Der deutsche Einfluss durch die Hanse war im 13. und 14. Jh. sehr groß. 1571 gründete man hier die deutsche Gemeinde, die später eine eigene Kirche bekam, *Tyska Kyrkan (Mai–Aug. tgl. 12–16, Sept.–April Sa/So 12–16 Uhr | www.st-gertrud.se). Kungliga Slottet,* das Königliche

> *www.marcopolo.de/suedschweden*

STOCKHOLM

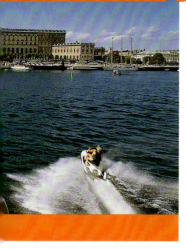

Schloss *(Juni–Aug. tgl. 10–17, Sept.–Mai Di–So 12–15 Uhr | Eintritt 90–130 SEK | www.royalcourt.se)*. aus dem 18. Jh. ist mit seinen mehr als 600 Räumen das größte der Welt. Heute wird es nur noch als Arbeitssitz und für offizielle Empfänge genutzt. *Grüne, rote U-Bahn-Linie: Gamla Stan*

HISTORISKA MUSEET [U E2]
Das bedeutendste Museum Schwedens zur Geschichte von der Steinzeit bis zu den Wikingern. Mit archäologischen Funden aus der Wikingerstadt Birka im Mälarsee sowie einzigartigen Gold- und Silberschätzen der Goten und Wikinger. *Mai–Sept. tgl. 10–17 | Okt.–April Di–So 11–17, Do 11–20 Uhr | Eintritt 50 SEK | Narvavägen 13–17 | Rote Linie: Karlaplan | www.historiska.se*

MODERNA MUSEET [U D4]
Auf 5000 m^2 präsentiert dieses Museum eine phantastische Sammlung moderner schwedischer und internationaler Kunst, darunter bedeutende Werke von Picasso, Matisse, Dardel und Hjertén. *Di 10–20, Mi–So 10–18 Uhr | Eintritt 80 SEK | Skeppsholmen | Bus 65: Moderna Museet | www.modernamuseet.se*

NATIONALMUSEUM [U C–D3]
Schwedens größtes Kunstmuseum, u. a. mit älterer Malerei und Bildhauerei, Kunsthandwerk und Design. Es enthält eine Sammlung nordischer Kunst mit Gemälden von Carl Larsson, Anders Zorn und August Strindberg und Werken von Rembrandt, Rubens, Gauguin. *Di, Do 11–20, Mi,*

MARCO POLO HIGHLIGHTS

★ **Mariefred**
Perle am Mälarsee (Seite 89)

★ **Gamla Stan**
Die Altstadt ist das Herz Stockholms (Seite 80)

★ **Vasa**
333 Jahre lag das königliche Kriegsschiff auf dem Grund des Meeres (Seite 83)

★ **Skansen**
Schweden en miniature (Seite 82)

★ **Stockholms Schären**
24 000 Inseln im Bade- und Segelparadies (Seite 90)

★ **Ice Bar**
Hier ist alles aus nordschwedischem Eis, selbst die Cocktail-Gläser (Seite 88)

80 | 81

Fr–So 11–17 | Eintritt 80 SEK | Södra Blasieholmshamnen | Bus 65: Nationalmuseum | *www.nationalmuseum.se*

NOBELMUSEET [U C4]
Die Ausstellung im *Börshuset* zeigt Leben und Schaffen Alfred Nobels und dokumentiert die Hintergründe des Preises. *Mitte Mai–Mitte Sept. tgl. 10–17, Di 10–20, Mitte Sept.–Mitte Mai Mi–So 11–17, Di 11–20 Uhr | Eintritt 60 SEK | Börshuset | Stortorget | Gamla Stan | Grüne, rote Linie: Gamla Stann |* *www.nobelmuseum.se*

NORDISKA MUSEET [U E3]
Kulturgeschichtliches Nationalmuseum mit Ausstellungen zu Schwedens Alltagsleben, Traditionen und den Sami (Lappen), von Mittelalter bis Gegenwart. *Mo–Fr 10–16, Mi 10–20, Sa/So 11–17 Uhr | Eintritt 60 SEK (Mi 16–20 Uhr frei) | Djurgårdsvägen 6–16 | Bus 44, 47: Nordiska museet |* *www.nordiskamuseet.se*

SKANSEN ★ [U F4]
Für das größte Freilichtmuseum der Welt (gegründet 1891) wurden in ganz Schweden rund 150 typische Bauernhäuser und Herrenhöfe abgetragen und hier wieder aufgebaut. Eine besondere Attraktion ist das Wildgehege mit typisch nordischen Tieren. In dieser riesigen, grünen Oase mit hohen Bäumen und duftenden Bauernblumen können Sie wunderbar spazieren gehen. *Park und Tiere: Jan., Feb. Nov. tgl. 10–15, März, April, Okt. tgl. 10–16, Mai/Juni tgl. 10–20, Juli/Aug. tgl. 10–22, Sept. tgl. 10–17 Uhr | Häuser: Jan.–April, Okt.–Dez. (nur einige) tgl. 11–15, Mai–Sept. tgl. 11–17 Uhr | Eintritt Juni–Aug. 90 SEK, sonst 60–80 SEK | Bus 44, 47: Skansen |* *www.skansen.se*

SÖDERMALM [U A–F 5–6]
Steil aus dem Wasser erhebt sich Södermalm, das ehemalige Arbeiterviertel der Stadt. Alte Holzhäuser

Die Vasa sank schon bei ihrer Jungfernfahrt, hat dafür aber heute ihr eigenes Museum

STOCKHOLM

(Stigbergsgatan), steile Treppen, Parks, schrille Geschäfte, gemütliche Cafés und Restaurants machen seinen Charme aus. Im Gegensatz zu dem edleren, kühleren Stadtteil Östermalm ist hier alles etwas alternativer und lebendiger. Mit dem 38 m hohen Lift *Katarinahissen (10 SEK)* gelangt man vom Verkehrsknotenpunkt *Slussen* [U C5] auf die Anhöhe von ☀ *Mosebacke* [U C6]. Von dort hat man einen wunderschönen Blick auf die Altstadt. Noch schöner, da ohne Gitter, ist die Aussicht von der ☀ *Fjällgatan* [U D6] oder dem ☀ *Monteliusvägen* [U B5]. *Grüne, rote Linie: Slussen*

Insider Tipp

STADSHUSET [U A4]

Architekt Ragnar Östberg ließ Stockholms Wahrzeichen mit dem 106 m hohen Turm 1923 im nationalromantischen Stil erbauen. Im Blauen Saal findet alljährlich am 10. Dezember das große Nobelbankett statt. Wunderschön ist der Goldene Saal mit Wandmosaiken aus 19 Mio. Blattgoldteilchen von Einar Forseth. *Blaue, grüne, rote Linie: T-Centralen*

VASAMUSEET [U E3]

1628 sank das stattliche königliche Kriegsschiff ⭐ Vasa wegen eines Konstruktionsfehlers bereits auf seiner Jungfernfahrt im Stockholmer Hafen. Erst 1961 wurde es unter größten Schwierigkeiten geborgen, sorgfältig konserviert und restauriert. Ein Erlebnis ist das Museum schon beim Eintreten: In einer riesigen Halle erhebt sich das imposante Kriegsschiff aus der Dunkelheit. Auf drei Galerien, die den Originalrumpf der Vasa umgeben, sind verschiedene spannende Ausstellungen mit sehr vielen Exponaten zur Geschichte der Vasa zu sehen. *Juni–Aug. tgl. 8.30–18, Sept.–Mai tgl. 10–17 Uhr, Mi bis 20 Uhr | Eintritt 80 SEK | Galärvarvsvägen 14 Bus 44, 47: Nordiska museet | www.vasamuseet.se*

■ ESSEN & TRINKEN ■

Wenn Sie abends essen gehen wollen, sollten Sie unbedingt einen Tisch reservieren! Günstige Alternative: *Kungshallen* [U B2] *(Kungsgatan 44).* In dem großen Selbstbedienungstempel mit internationalen Küchen gibt es für jeden etwas.

Inside Tipp

CAFÉ BLÅ PORTEN [U F4]

Eine ruhige, grüne Oase mitten in der City mit lauschigem Innenhof. Mediterrane Küche, Kuchen, Sandwiches. *Djurgårdsvägen 64 | Djurgården | Bus 44, 47: Konsthallen | Tel. 08/663 87 59 | www.blaporten.com | €*

CLAS PÅ HÖRNET [0]

Typisch schwedische Küche im alten Gasthaus aus dem 18. Jh. *Surbrunnsgatan 20 | Vasastan | Rote Linie: Tekniska Högskolan | Tel. 08/16 51 36 | www.claspahornet.se | €€€*

HERMANS ☀ [U D6]

Tolle Aussicht auf Stockholm und ein gutes vegetarisches Buffet erwarten Sie in diesem Gartenrestaurant. *Fjällgatan 23A | Södermalm | Bus 2, 3: Tjärhovsplan| Tel. 08/643 94 80 | www.hermans.se | €*

Inside Tipp

INFERNO [U A1]

Schwedens berühmtester Dramatiker August Strindberg inspirierte zu dieser modernen Cocktailbar mit tollen

82 | 83

Drinks und Restaurant (moderne und klassische schwedische Küche) im Blauen Turm, einst Strindbergs Domizil. *Drottninggatan 85 | Grüne Linie: Radmansgatan | Tel. 08/ 20 16 50 | www.barinferno.se | €€*

LISA ELMQVIST [U C2]

Fisch und Schaltiere in zig Variationen stehen auf der Karte des exquisiten Restaurants in der Östermalmer Markthalle. *Östermalmstorg | Rote Linie: Östermalmstorg | Tel. 08/ 55 34 04 00 | www.lisaelmqvist.se | €€*

Insider Tipp

PELIKAN [0]

Klassisches Brauhaus auf Södermalm. Sehr gute, preiswerte Haus-

Begehrt: ein Café-Platz an der Sonne

mannskost. Unbedingt probieren: *köttbullar med gräddsås och lingon.* *Blekingegatan 40 | Grüne Linie: Skanstull | Tel. 08/55 60 90 90 | www.pelikan.se | €€*

SHANTI [0]

Indisches Restaurant auf Södermalm mit guter und preiswerter Küche. *Katarina Bangata 58 | Grüne Linie: Skanstull | Tel. 08/642 67 22 | www.shanti.se | €–€€*

STUREKATTEN [U C2]

Insider Tipp

Supergemütliches Café in Östermalm mit köstlichem Kuchen und Krabbenbrot. *Riddargatan 4 | Rote Linie: Östermalmstorg | Tel. 08/611 16 12 | €*

TRANAN [0]

Rot-weiß karierte Tischdecken, Holzstühle, schwedische Küche auf hohem Niveau. Beliebter Klassiker. *Karlbergsvägen 14 | Grüne Linie: Odenplan | Tel. 08/ 52 72 81 00 | www.tranan.se | €€–€€€*

■ EINKAUFEN ■

Ob Design, Glas, Kunsthandwerk oder Mode: Die Hauptstadt bietet das größte Angebot. Deshalb kommen Schweden aus dem ganzen Land, um hier einzukaufen. Und: Alles ist viel ruhiger als in Deutschland. Stockholms Haupteinkaufsstraßen mit vielen Einrichtungsläden und Boutiquen liegen rund um den *Stureplan* [U C2] (*Sturegallerian, Biblioteksgatan, Birger Jarlsgatan*) oder der *Hamngatan*, z. B. das Nobelkaufhaus *Nordiska Kompaniet (www.nk.se)* oder die Einkaufspassage *Gallerian (www.gallerian.se)*. Im trendigen Shoppingvier-

STOCKHOLM

tel *Sofo* **[U C–D6]** *(South of Folkungagatan | www.sofo.se)* auf Södermalm finden Sie Geschäfte mit ausgefallener, kreativer Mode, Secondhandläden sowie Kunsthandwerk, Schmuck und Design alternativer Künstler. Junges, schwedisches Design gibt es Schweden (auch auf deutsch) führt der Sweden Bookshop (Slottsbacken 10 | www.swedenbookshop.com). Viele Antikläden liegen im Stadtteil *Vasastan* **[0]** *(Odengatan, Upplandsgatan, Roslagsgatan)*. Absolutes Muss ist ein Besuch der wunderschö-

Wunderbare Köstlichkeiten in der alten Markthalle Östermalms Saluhall

auch im *Designtorget* **[U B2]** *(Kulturhuset | Sergels torg | www.designtorget.se)*. Oder bei *10-Gruppen* **[U C6]** *(Götgatan 25 | www.tiogruppen.com)*. Carl Malmsten *(www.malmsten.se)* und *Svenskt Tenn* **[U D2]** *(beide Strandvägen 5 | www.svenskttenn.se)*. Schwedische Designermode finden Sie bei *Few* **[U B2]** *(Fridhemsgatan 60)* und *Filippa K* **[U B2]** *(Biblioteksgatan 2 | www.filippa-k.se)*, Wohndeko bei *Room* **[0]** *(Alströmergatan 20 | www.room.se)* oder *Granit* **[U B2]** *(Kungsgatan 42 | www.granit.com)*. Bücher und Bildbände über nen alten Markthalle *Östermalms Saluhall* **[U C2]** *(Östermalmstorg | www.ostermalmshallen.se)*.

ÜBERNACHTEN

Buchen Sie Ihre Unterkunft unbedingt frühzeitig! Günstig: das *Stockholmpaket* (ein bis drei Tage) mit Hotelübernachtung und *Stockholmskortet*. Das *Stockholm Tourist Centre* im Sverigehuset, Hamngatan 27, hilft bei der Zimmersuche *(Tel. 08/50 82 85 08 | Fax 50 82 85 10)*. Bed & Breakfast vermitteln *Bed & Breakfast Service Stockholm* | *Tel. 08/*

84 | 85

660 55 65 | *Fax 663 38 22* | *www.bed breakfast.se* | *und Bed & Breakfast Center* | *Tel. 08/730 00 03* | *Fax 730 52 14* | *www.bbc.nu*).

ART HOTEL [U B6]
Einfach, ruhig, zentral, mit günstigen Zimmern, die von Studenten der

40 Zi. | *Tjärhovsgatan 11* | *Grüne Linie: Medborgarplatsen* | *Tel. 08/ 50 31 12 00* | *Fax 50 31 12 01* | *www.columbus.se* | €€€

LÅNGHOLMEN [O]
Hotel und Jugendherberge in einem ehemaligen Gefängnis aus dem

Eine Bootstour muss sein: rund um Stockholms Inseln, in die Schären oder über den Mälarsee

Kunsthochschule eingerichtet wurden. Für junge Leute. *31 Zi.* | *Johannesgatan 12* | *Grüne Linie: Rådmansgatan* | *Tel. 08/402 37 60* | *Fax 402 37 70* | *www.konstnarsnamn den.se* | €€

COLUMBUS HOTELL [U C6]
Auf Södermalm liegt dieses Hotel mit persönlicher Atmosphäre in einer ehemaligen Brauerei von 1780.

19. Jh. *102 Zi. und 26 weitere Betten* | *Långholmsmuren 20* | *Rote Linie: Hornstull* | *Tel. 08/720 85 00* | *Fax 720 85 75* | *www.langholmen.com* | €–€€€

PÄRLAN HOTELL [U D2]
Insider Tipp
Beliebtes kleines Hotel im alten Patrizierhaus mit hohen Decken und Kachelöfen. *9 Zi.* | *Skeppargatan 27* | *Rote Linie: Östermalmstorg* | *Tel. 08/*

> www.marcopolo.de/suedschweden

STOCKHOLM

663 50 70 | Fax 667 71 45 | *www. parlanhotell.com* | €€

STF VANDRARHEM AF CHAPMAN [U D4]
Stockholms beliebteste Jugendherberge auf einem alten Dreimaster. Unbedingt rechtzeitig reservieren! *136 Betten | Flaggmansvägen 8 | Bus 65: Östasiatiska museet| Tel. 08/463 22 66 | Fax 611 71 55 | www. stfchapman.com | €*

VILLA KÄLLHAGEN [0]
Luxus pur! Idyllisch im Grünen liegt dieses moderne Hotel direkt am Djurgårdenkanal. Sehr gute Küche, Paketangebote. *20 Zi. | Djurgårdsbrunnsvägen 10 | Bus 69: Källhagen | Tel. 08/665 03 00 | Fax 665 03 99 | www.kallhagen.se* | €€€

◼ FREIZEIT & SPORT ◼

BADEN
Beliebte Badestellen sind *Hässelby Strandbad, Långholmen, Rålambshovsparken* oder das *Mälarhöjdsbad* bei Bredäng. Karte mit allen Badeplätzen im *Tourist centre.*

BOOTSAUSFLÜGE
Eine Fahrt in die Stockholmer Schären oder auf dem Mälarsee nach *Mariefred* oder *Drottningholm* ist ein absolutes Muss. Das Tourenangebot ist groß. Infos und Buchung: *Strömma Kanalbolaget (Skeppsbron 22 | Tel. 08/58 71 40 00 | www.strommakanal bolaget.com)* oder *Waxholms Ångfartygs AB (Tel. 08/614 64 50 | Fax 611 84 07 | www.waxholmsbolaget. se).* Lohnend sind auch die Touren „Rund um Djurgården" und „Unter Stockholms Brücken". An Bord gibt es Kopfhörer mit Erläuterungen in

der Sprache Ihrer Wahl. Tickets am Strömkajen-Kiosk [U C3]. Infos: *Stockholm Sightseeing (Mo–Fr 9–17 Uhr | Skeppsbron 22 | Tel. 08/58 71 40 20 | www.stockholmsightseeing. com).*

VERLEIH VON BOOTEN, RÄDERN UND INLINESKATES
Kanus, Kajaks, Ruder- oder Tretboote können Sie sich an der *Brücke nach Djurgården* [U E3] ausleihen. Auch Fahrräder und Inlineskates gibt es dort. *Djurgårdsbrons Sjöcafé | Bus 44, 47: Nordiska museet | Mai–Mitte Sept. tgl. 10–24 Uhr | Tel. 08/ 660 57 57*

>LOW BUDGET

> Die *Stockholmskortet* (Stockholm-Karte) berechtigt u. a. zum freien Eintritt in 43 Museen und andere Sehenswürdigkeiten sowie zur kostenlosen Benutzung der öffentlichen Verkehrsmittel. Es gibt sie für einen *(290 SEK)*, zwei *(420 SEK)* oder drei Tage *(540 SEK)* im Touristenbüro.

> Wachablösung mit Musik und Parade im äußeren Königlichen Schlosshof. *Sept.–April Mi/Sa 12, So 13, Mai–Aug Mo–Sa 12.15, So 13.15 Uhr*

> Im *Seyhmus Vegetariska Restaurang (Mo–Fr 10–19, Sa 11–18 Uhr | Södermalm | Varvsgatan 29 | Rote Linie: Hornstull | Tel. 08/658 55 55 | €)* können Sie sich für 90 SEK am köstlichen kurdischen Buffet satt essen.

> Günstig, klein, zentral: Das Hotel *Tre Små Rum. 7 Zi. | Högbergsgatan 81 | Rote Linie: Mariatorget | Tel. 08/ 641 23 71 | Fax 642 88 08 | www.tresmarum.se | €*

■ AM ABEND

Rund um den *Stureplan* [U C1–2] in Östermalm tobt das Stockholmer Nachtleben. In den eher schicken Clubs und Bars legt man Wert auf gepflegte Kleidung. Wer langes Schlange stehen und hohen Eintritt vermeiden will, sollte schon vor 23 Uhr erscheinen. Auf Södermalm [U C–D 5–6] *(Götgatan | Folkungagatan)* liegen gemütliche Kneipen und Studentenlokale. T-Shirt und Jeans sind hier durchaus üblich. Aktuelle Veranstaltungskalender gibt es in der Donnerstagsbeilage „DN på stan" oder in der Broschüre „What's on Stockholm" *(Tourist centre).*

CAFÉ OPÉRA ▶▶ [U C3]

Junges Publikum mit Pradatasche und Guccibrille trifft sich in der trendigen Diskothek im alten Operngebäude von 1891. Edles Ambiente mit Kronleuchtern und Ledersesseln; auch ein Restaurant gehört zum dazu. Lange Schlangen, willkürliche Türsteher. *Mo–Sa 17–3, So 19–3 | ab 22 Uhr Eintritt 140 SEK | Mindestalter 23 Jahre | Operahuset | Blaue Linie: Kungsträdgården | www.cafeopera.se*

FASCHING [U A2]

Jazzclub mit Livemusik und Nachtclub: Fr (Reggae, Hip-Hop), Sa (Soul, Funk). Gemischtes Publikum. *Mo–Do 19–1, Nachtclub: Fr, Sa 24–4 Uhr | Eintritt Club 100 SEK, für Konzerte ab 120 SEK | Mindestalter: Konzerte 18 , Club 20 Jahre | Kungsgatan 63 | Blaue, grüne, rote Linie: T-Centralen | www.fasching.se*

GONDOLEN ☼ [U C5]

In dieser Bar schweben Sie zwischen Himmel und Erde und genießen Ihren Cocktail mit einem phantastischen Blick auf Stockholm. *Mo–Fr 11.30–1, Sa 16–1 Uhr | Mindestalter 18 Jahre | Stadsgården 6 | Grüne, rote Linie: Slussen | www.eriks.se*

ICE BAR ★ [U A2]

Supercoole Bar, in der von der Decke bis zum Fußboden alles aus nordschwedischem Eis ist. Gegen die Kälte gibt's dicke Umhänge. Unbedingt vorher buchen! *Stark variierende Öffnungs- zeiten, in der Regel Mo–Sa 12.45–24, So 12.45–22 Uhr | Eintritt 160 SEK | Mindestalter 18 Jahre | im Nordic Sea Hotel | Vasaplan 4 | Blaue, grüne, rote Linie: T-Centralen | Tel. 08/50 56 31 24 | www.nordichotels.se*

MOSEBACKE ETABLISSEMENT [U C6]

Klassischer Club auf Södermalm. Jazz, Folkmusik, Chansons, Reggae, Rock, Salsa. Livekonzerte, Fr/Sa Nachtclub. Im Sommer ist auch die große ☼ Terrasse geöffnet. *Mo–Do 17–1, Fr 17–2, Sa 10.30–2, Nachtclub Fr/Sa 21–2, So 10.30–1 Uhr | Eintritt 80–100 SEK | Mindestalter 20 Jahre | Mosebacke torg 3 | Grüne, rote Linie: Slussen | Tel. 08/ 55 60 98 90 | www.mosebacke.se*

■ AUSKUNFT

STOCKHOLM TOURIST CENTRE [U B2]

Sverigehuset | Hamngatan 27/Kungsträdgården | Tel. 08/50 82 85 08 | Fax 50 82 85 09 | www.stockholm town.com

■ ZIELE IN DER UMGEBUNG

BIRKA [121 D2]

Im 9. und 10. Jh. war Birka auf der Insel *Björkö* im Mälarsee wichtiges

> *www.marcopolo.de/suedschweden*

STOCKHOLM

Handelszentrum der Wikinger. In zahlreichen Gräbern auf der Insel machte man kostbare Funde (arabische Silbermünzen, chinesische Seide). *Birkamuseet* präsentiert die Wikingersiedlung an Hand von Modellen und dokumentiert das Alltagsleben der wilden Nordländer. Björkö, milie. Es wurde nach den Entwürfen des Architekten Nicodemus Tessin d. Ä. im barocken Stil 1662 bis 1700 erbaut. Dazu gehören auch drei große Parks im englischen, französischen und Rokokostil, der elegante Chinesische Pavillon und das einzigartige Schlosstheater aus dem Jahr 1766

Café Opéra – Restaurant, Bar und Diskothek sind ebenso opulent wie erstklassig

das etwa 30 km westlich von Stockholm liegt, ist nur mit dem Schiff zu erreichen *(Mai–Mitte Sept. tgl. 9.30, Juli–Mitte Aug. auch 13 Uhr | Fahrpreis inkl. Museum SEK 265 | ab Stadshusbron | www.raa.se/birka, www.strommakanalbolaget.com).*

DROTTNINGHOLM [121 D2]
In diesem Schloss mitten im Grünen, ca. 14 km außerhalb von Stockholm, residiert die schwedische Königsfa-

mit raffinierter Bühnentechnik. Hier werden auch heute noch Opern und Theaterstücke aufgeführt *(Mai–Aug. tgl. 10–16.30, Sept. tgl. 12–15.30, Okt.–April Sa, So 12–15.30 Uhr | Eintritt 70 SEK | www.royalcourt.se).*

MARIEFRED ★ [121 D2]
Malerischer Ort am Mälarsee, etwa 70 km westlich von Stockholm. Gustaf Wasa ließ hier 1537 das mächtige *Schloss Gripsholm (Mitte Mai–Mitte*

88 | 89

Sept. tgl. 10–16 Uhr | Eintritt 70 SEK | www.royalcourt.se), bekannt auch durch Kurt Tucholskys gleichnamigen Roman, errichten. Besonders sehenswert sind das *Schlosstheater* und die umfangreiche staatliche *Porträtsammlung*.

Auch ein Spaziergang durch die idyllische Kleinstadt (4800 Ew.), die 1605 ihre Stadtrechte erhielt, lohnt sich. Auf dem Friedhof liegt Kurt Tucholsky begraben, der 1929 nach Schweden emigrierte und sich 1935 das Leben nahm.

Übernachten können Sie in Schwedens ältestem Gasthof, dem *Gripsholms Värdshus (45 Zi. | Kyrkogatan 1 | Tel. 0159/347 50 | Fax 347 77 | www.gripsholms-vardhus.se | €€€)*. Auskunft: *Mariefreds Turistbyrå (Rådhuset | Tel. 0159/296 99 | Fax 297 95 | www.mariefred.se, www.sormlandsturism.se)*.

SIGTUNA [121 D1]

Niedrige, alte Holzhäuser prägen dieses Bilderbuchstädtchen am Mälarsee (37000 Ew.) ca. 50 km nördlich von Stockholm. Sigtuna gilt als älteste Stadt Schwedens und war im 12. Jh. geistig-religiöses Zentrum des Landes – deshalb die vielen Kirchenruinen. Sehenswert ist die gotische Backsteinkirche *Mariakyrkan* aus dem 13. Jh. Auskunft: *Sigtuna turistbyrå (Drakegården | Stora gatan 33 | Tel. 08/59 48 06 50 | Fax 59 48 06 59 | www.sigtuna.se)*.

STOCKHOLMS SCHÄREN ★ [121 E1-3]

Auf keinen Fall versäumen sollten Sie einen Ausflug in die Stockholmer Schären. 24000 Inseln erstrecken sich über 150 km von *Arholma* im Norden bis nach *Landsort* im Süden. Sie sind ein Paradies für alle Wassersport- und Badefans. Genaue Fahrzeiten und Routen der Schärenboote finden Sie an den Anlegestellen *Nybrokajen* und *Strömkajen* in Stockholm. Mit der Båtluffarkortet (300 SEK | im Tourist Centre) können Sie die Boote der *Waxholmsbolaget* 5 Tage lang unbegrenzt zum Schärenhopping nutzen. *(Insider Tipp)*

Ein beliebtes Ziel vor allem bei Seglern ist *Sandhamn* am äußersten Rand des Stockholmer Schärengartens mit schönen Sandstränden (Fahrzeit 3 Std.) Bunte Holzhäuser, Felsenklippen und enge Gassen machen den Charme des Ortes aus.

25 km nordöstlich von Stockholm (Fahrzeit 1 Std.) liegt die Festungsinsel *Vaxholm*. Hier laden kleine Geschäfte zum Bummeln ein. Wunderschöne Badestrände und Felsen prägen die grüne Insel *Grinda* in den inneren Schären (30 km östlich von Stockholm, Fahrzeit 90 Min.), auf der Sie auch Räder und Boote mieten können.

Wer auf Astrid Lindgrens Spuren wandeln möchte, sollte nach Norröra fahren. In dieser Schärenidylle wurde in den 1960er-Jahren der Film „Ferien auf Saltkrokan" gedreht. Im Sommer bietet das *Touristenbüro* in *Norrtälje (Danskes gränd 4 | Tel. 0176/719 90 | Fax 106 18 | www.norrtalje.se)* Di bis Do geführte Bootstouren (im Voraus buchen!) auf die Insel an, auf der Sie allerdings nicht übernachten können. *(Insider Tipp)*

TROSA [121 D3]

Gemütlich schlängelt sich das Flüsschen Trosaån durch diesen netten

> www.marcopolo.de/suedschweden

STOCKHOLM

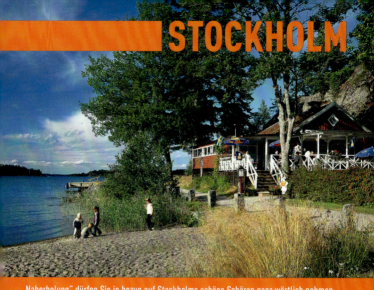

„Naherholung" dürfen Sie in bezug auf Stockholms schöne Schären ganz wörtlich nehmen

Badeort (11 000 Ew.) an der Ostsee 70 km südlich von Stockholm. Helle Holzvillen mit Rosenbüschen säumen das Flussufer, an dem Ruder- und Segelboote dümpeln.

In der Nähe von Trosa liegt in einem großen Park das *Schloss Tullgarn (Juni–Aug. tgl. 11–16 Uhr | nur mit Führung zu jeder vollen Stunde | Eintritt 60 SEK | www.royalcourt.se),* das Anfang des 18. Jhs. in herrlicher Lage auf einer Halbinsel direkt am Meer errichtet wurde. Auskunft: *Trosa Turism (Torget | Tel. 0156/ 522 22 | Fax 522 23 | www.trosa. com, www.sormlandsturism.se).*

UPPSALA [121 D1]

Rund 70 km nordwestlich von Stockholm liegt Uppsala (186 000 Ew.). Studenten, Cafés, Parks und viele Radfahrer prägen die Atmosphäre der Stadt mit Schwedens ältester Universität (1477).

Zu den Kostbarkeiten der riesigen Universitätsbibliothek *Carolina rediviva (Mitte Juni–Mitte Aug. Mo–Fr 9–17, Sa 10–17, So 11–16, Mitte Aug.–Mitte Juni Mo–Fr 9–20, Sa 10– 17 Uhr | Dag Hammarskjöldsväg 1)* gehört die berühmte Silberbibel „Codex argentus" aus dem 6. Jh. Das Wahrzeichen Uppsalas, der mächtige gotische *Dom,* wurde 1435 geweiht. Von 1140 bis 1719 wurden hier die schwedischen Könige gekrönt. Im *Schloss* befindet sich heute der Regierungs- und Verwaltungssitz der Stadt. Das *Linnémuseum* im Linnégarten erinnert an den berühmten Botaniker *(Mai–Sept. 11–17 Uhr | Eintritt 25 SEK | Svartbäcksgatan 27 | www.linnaeus.se).*

Gamla Uppsala, 5 km nördlich der Stadt, war einst das geistige und politische Zentrum des Reichs. Hier verehrten die Wikinger ihre heidnischen Götter und begruben ihre Könige in großen Grabhügeln. Auskunft: *Uppsala turistinformation | Fyristorg 8 | Tel. 018/727 48 00 | Fax 12 43 20 | www.uppland.nu*

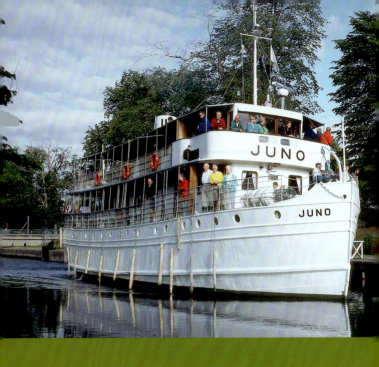

> SCHLEUSEN UND SCHÄREN

Folgen Sie dem Lauf des Göta-Kanals von Motala bis Mem oder lernen Sie die schöne Inselwelt Bohusläns kennen

Die Touren sind auf dem hinteren Umschlag und im Reiseatlas grün markiert

1 SCHWEDENS BLAUES BAND

Diese Boots- und Fahrradtour führt Sie in drei bis vier Tagen 100 km am Göta-Kanal entlang – von Motala am Vätternsee bis nach Mem an der Ostsee. Herrliche Naturerlebnisse erwarten Sie.

Planen Sie Ihre Reise so, dass Sie für die erste Etappe von Motala nach Borensberg (ca. 20 km), das Boot *M/S Kung Sverker* nehmen können *(Mitte Mai–Mitte Sept. tgl. 10.30 Uhr ab Motala-Hafen | Dauer 2 Std. | einfache Fahrt 200 SEK, Rad 30 SEK | nur mit Vorausbuchung unter Motala Kanaltrafik AB | Tel. 070/626 02 49 | info@kungsverker.se).*

Mit dem Vätternsee im Rücken geht es links vorbei am Grabmal des Kanalbauherrn Baltzar von Platen Nach etwa 3 km erreichen Sie Borenshult. Über fünf Schleusentreppen ist

Bild: Passagierschiff „Juno" auf dem Göta-Kanal

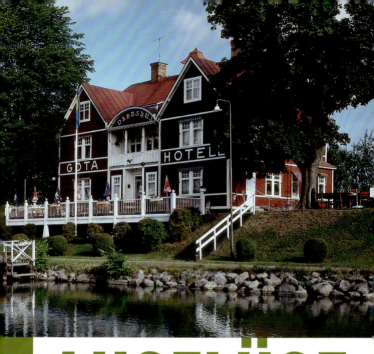

AUSFLÜGE & TOUREN

ein Höhenunterschied von 15 m bis hinunter zum See Boren zu überwinden. In aller Ruhe gleiten Sie dann über den 74 m tiefen Borensee bis nach **Borensberg**, wo Ihre Bootstour endet. An der Schleuse in Borensberg spielt übrigens der Krimi „Die Tote im Göta-Kanal" von Maj Sjöwall/Pär Wahlöö, eine durchaus empfehlenswerte Lektüre während der Tour.

Sie setzen Ihre Reise mit der zweiten Etappe nach **Berg** auf dem alten Treidelweg parallel zum Göta-Kanal durch Wiesen und Äcker fort (ca. 20 km). Der Weg führt vorbei am **Herrenhof Brunneby**. In der *Mosterei* können Sie Saft, Cidre oder Marmelade kaufen oder sich im Café stärken *(Mo–Fr 9–18, Sa 9–16 Uhr | www.brunnebymosteri.se)*. Über Ljung geht es nach **Ljungsbro**. Hier liegt Schwedens älteste Schokoladenfabrik von 1862, *Cloetta*, mit einfach unwiderstehlichen Süßigkeiten *(Mo–*

Fr 9–18, Sa 10–14 Uhr). Nach gut 2 km kommen Sie nach **Berg** *(S. 64),* wo der Göta-Kanal über ein System von elf beeindruckenden Schleusen in den Roxensee mündet. Übernachten können Sie in der Jugendherberge an der Schleuse *(Bergs Vandrarhem | 26 Betten | Tel. 013/ 603 30 | Fax 603 10 | www.bergsslussar.se | €).* Einen Besuch lohnt die nahe gelegene **Kirche** (13. Jh.) des ehemaligen **Zisterzienserklosters Vreta.**

Für die dritte Etappe von Berg nach **Brådtom** (ca. 40 km) nehmen Sie entweder die nördliche Umgehung des Roxensees oder die Fahrradfähre *Roxensnabben* nach **Norsholm** *(fährt erst ab drei Personen | 200 SEK p. P. einfache Fahrt | Tel. 070/302 05 22).* Nach einer Pause im **Norsholms Slusscafé** *(Mai–Sept. tgl. 8–21 Uhr)* fahren Sie von Norsholm aus in östlicher Richtung wieder parallel zum Göta-Kanal auf dem alten Treidelpfad bis zur Schleuse **Brådtom.** Hier übernachten Sie günstig im *STF Vandrarhem Brådtomsluss* bei Norsholm *(15 Betten | Tel. 011/550 55 | www.brad tomsluss.se | €).*

Insider Tipp

Die letzte Etappe von Brådtom bis Mem umfasst etwa 30 km. Über die Schleuse **Hulta** erreichen Sie auf dem Treidelpfad schließlich nach ca. 25 km **Söderköping** *(S. 75)* und erfrischen sich mit einem Eis in **Söderköpings Smultronställe** *(www.smultron stallet.se)* direkt am Göta-Kanal. Lohnend ist auch ein Spaziergang durch den Ort.

Weiter geht es auf der südlichen Seite des Kanals. Nach 6 km kommen Sie ans Ziel Ihrer Tour, nach **Mem.** Im **Kanalmagasinet** wurde 1832 der Göta-Kanal eingeweiht. Heute ist

dort eine Jugendherberge *(32 Betten | Kanalmagasinet Mem | Tel. 0121/ 270 45 | www.kanalmagasinetmem. com | €)* untergebracht. Zurück nach Motala geht's mit dem Rad oder mit dem Zug vom 20 km entfernten Norrköping über Mjölby. Mehr Infos zum Göta-Kanal unter *www.gotaka nal.se.*

2 DURCH DIE SCHÄREN VON BOHUSLÄN

Die rund 360 km lange Tour führt Sie durch die Schärenwelt nördlich von Göteborg. Dafür sollten Sie drei Tage einplanen.

Von der Göteborger Innenstadt aus fahren Sie auf der E 6 Richtung Norden bis **Stenungssund** (ca. 50 km). Über die gut 1 km lange ✹ Tjörnbrücke mit einem phantastischen Blick auf die Schären erreichen Sie die Inseln **Tjörn** und **Orust** *(S. 50).* Auf Tjörn folgen Sie der Straße 169 bis nach **Rönnäng** (ca. 25 km). Dieser Fischerort mit seinen windschiefen Holzhäusern zählt zu den schönsten der Insel. Nach einem Besuch des **Nordischen Aquarellmuseums** mit Café und sehr gutem Restaurant *(Juni– Aug. tgl. 11–18, Sept.–Mai Di–So 12–17 Uhr | Eintritt 45–70 SEK | www.akvarellmuseet.org, www.res taurangvatten.com | €€)* in Skärhamn fahren Sie über Kållekär auf der 710 nach Norden. Nach rund 15 km biegen Sie links auf die Straße 160 und fahren auf die Insel **Orust.** Vor allem im Westen der Insel liegen schöne Fischerdörfer wie **Mollösund.** Übernachten Sie dort im *Prästgårdens Pensionat (11 Zi. | April–Mai nur Fr–So, Juni–Sept. tgl. | Tel./Fax 0304/*

> *www.marcopolo.de/suedschweden*

AUSFLÜGE & TOUREN

210 58 | www.prastgardens.se | €) und lassen Sie den Tag im Café und Restaurant *Emma (Tel. 0304/211 75 | www.cafeemma.com | €€)* bei einer cremigen Safranfischsuppe ausklingen. Am nächsten Morgen fahren Sie ca. 16 km bis nach Ellös/Hasslevik. Dort setzen Sie mit der Fähre auf die **Insel Flatön** über. Wer sich etwas Besonderes gönnen möchte, sollte im Hotel *Handelsman Flink (12 Zi. | Tel. 0304/550 51 | Fax 555 57| www.handelsmanflink.se | €€€)* mit exklusiven Meerblickzimmern, Spa und Edelrestaurant einen Extratag einlegen.

Ansonsten überqueren Sie die Insel Flatön bis zur Fähre bei Persäng, setzen über und fahren weiter nach Norden Richtung Lysekil. Lohnend ist ein Abstecher in die Schärenidylle **Fiskebäckskil**. Nach 8 km bringt Sie eine weitere Fähre auf die Halbinsel **Stångenäs**. Über die Straßen 162 und 171 erreichen Sie nach knapp 50 km **Smögen**, das „Monte Carlo" der Westküste. Hier finden Sie nicht nur viele Yachten, sondern auch reichlich Touristen. Man flaniert auf dem berühmten Pier ▶▶ **Smögenbryggan**, Fischer verkaufen fangfrische Garnelen direkt vom Boot. Ein besonderes Erlebnis ist die **Fischauktion** *(Mo–Fr 8, Do auch 17 Uhr, www.smogens-fiskauktion.com).* Übernachtungstipp: **Hotell Smögens Havsbad** *(73 Zi. | Hotellgatan 26 | Tel. 0523/66 84 50 | Fax 66 84 55 | www.smogenshavsbad.se | €€–€€€).* Auf der 171 und 162 geht es zurück auf die E6 nach Göteborg (ca. 130 km). Weitere Infos finden Sie unter: *www.vastsverige.com, www.bastkusten.se, www.sotenasturism.se*

Am Hafen des turbulenten Smögen

94 | 95

EIN TAG IN STOCKHOLM
Action pur und einmalige Erlebnisse.
Gehen Sie auf Tour mit unserem Szene-Scout

AUFGEWACHT
8:00

Aufstehen und die Müdigkeit mit viel Helligkeit vertreiben. Im weltweit ersten Lichtcafé, gibt es nicht nur das typisch schwedische Frühstück mit Knäckebrot und Kaviar, sondern auch eine Extraportion Licht. Das regt die Glückshormone an und man startet lächelnd in den Tag. **WO?** *Iglo Lichtcafé | Hornstulls Strand 1 | Tel. 08 668 82 70 | Preis: 50 SEK | www.iglo.se*

HEISS UND KALT
9:00

Jetzt freut sich der Stoffwechsel, denn nun geht es in die Sauna. Beim Schwitzen einige Schweißperlen vergießen und danach mit lautem Geschrei in die kühlen Fluten des Sees Söderbysjön stürzen. Nach dem ersten Saunagang im Ruheraum relaxen und sich auf den Tag freuen. **WO?** *Sauna Hellasgården | Nacka | Tel. 08 716 39 61*

FLOWERBRUNCH
11:00

Saunieren macht Hunger! Am Besten dem Duft der Blumen folgen! Gebruncht wird in einem Gewächshaus zwischen Orchideen und Tulpen. Im *Rosendal-Café* wird schnell klar, was es heißt, einen grünen Daumen zu besitzen. Über die Farbenpracht und die exotischen Gewächse vergisst man fast das Essen. Was allerdings fatal wäre, denn von den knackigen Salaten über die gegrillten Fleischspießchen bis hin zum Obst ist alles delikat und sehr frisch. **WO?** *Rosendals terassen 12 | Tel. 08 54 58 12 70 | montags geschlossen | www.rosendalstradgard.se*

TRENDSPORT: HOLZKLÖTZE WERFEN
13:00

Nun heißt es Geschicklichkeit beweisen. Schweden spielt den neuen Trendsport *Kubb* – und man selbst spielt mit. Wer die Regeln noch nicht beherrscht, schaut erstmal zu. Zwei Mannschaften stehen sich auf einer rechteckigen Fläche gegenüber und versuchen mit Wurfhölzern die *Kubbs* (=Holzklötze) der Gegner zu treffen. Am besten von den Könnern im Haga Park erklären lassen und sofort loslegen. **WO?** *Haga Park | Kubb-Set im Spielwarenhandel ca. 15 Euro*

24 h

KAJAKING
14:30

Schon mal was von einer Eskimorolle gehört? Nein? Alles, was man dazu braucht, sind ein Kajak, ein Paddel und Wasser. Gibt's alles bei *Paddling STHLM*. Der Trainer macht es vor. Augen zu, mit dem Boot seitlich umkippen und kopfüber unter Wasser nicht die Orientierung verlieren. Für Teil zwei – Rückkehr in die Ausgangslage – ist Übung nötig. Macht Spaß! **WO?** *Erstagatan 5 | Preis: SEK 1600 | Tel. 0707 81 26 89 | www.paddlingstockholm.se*

16:00
VIERFACHER GENUSS

Wer etwas Wasser geschluckt hat, spült nun mit Kaffee oder heißer Schokolade nach. Im *Café Chokladkoppen* sind Heißgetränke Kult. Dazu unbedingt eine Zimtschnecke probieren. Die Betonung liegt übrigens auf *einer* Schnecke, denn die süßen Teilchen sind so groß, dass mindestens vier Leute davon satt werden. **WO?** *Stortorget 18–20 | www.kaffekoppen.org*

LUFTIGE HÖHEN
17:00

„... dann hebt er ab, und völlig losgelöst von der Erde, schwebt ..." – nicht das Raumschiff, sondern der Heißluftballon, in dem man gerade steht. Höher und höher geht die Fahrt und Stockholm wird immer kleiner. Wenn dann langsam die Sonne untergeht und sich der Himmel rot färbt, ist das Romantik pur. **WO?** *Nordic Balloons | Anmeldung nötig: Tel. 08 25 24 00 | Preis: SEK 1495 | www.nordicballoons.se*

20:30
ESSEN AUF DEM WASSER

Ran an Tische und Teller! Im In-Restaurant *Kungsholmen* kommen hungrige Traveller voll auf ihre Kosten. Von Sushi bis Steaks gibt es alles und zum Abschluss lockt die Icecream-Bar. Nicht wundern, wenn es während des Essens ein wenig schaukelt. Das liegt nicht am Wein, sondern am Wasser. *Kungsholmen Pontonen* liegt auf einer schwimmenden Plattform. **WO?** *Norr Mälarstrand, Kai 464 | Tel. 08 50 52 44 50 | www.kungsholmen.com*

> OUTDOOR IST ANGESAGT

Aktivurlauber haben in Südschweden vielfältige und gute Möglichkeiten

> Frische Luft und viel Bewegung – die Schweden sind richtige Sportfreaks! Segeln und Ski fahren kann fast jeder, Eishockey und Tennis stehen ebenfalls hoch im Kurs! Am liebsten sind die Schweden in der freien Natur. Entsprechend gut ausgebaut ist das Netz von Rad- und Wanderwegen.

Ob Angeln, Wandern, Rad oder Kanu fahren: Überall in Südschweden können Sie in traumhafter Natur Aktivurlaub machen! Auch ungewöhnlichere Aktivitäten wie Draisine fahren oder Riverrafting werden angeboten. Erkundigen Sie sich bei den Touristenbüros vor Ort. Die helfen Ihnen mit Tipps, Karten und Adressen weiter.

ANGELN

Mit seiner langen Küste und unzähligen Seen ist Südschweden ein Eldorado für Angler. Fischreiche Flüsse sind vor allem der Ätran, Lagan und Nissan an der Westküste sowie der

Bild: Weltklassesegeln – America's Cup vor Malmö

SPORT & AKTIVITÄTEN

Mörrumsån bei Karlshamn in Blekinge. Hier und an den Seen gilt: Fischen nur mit *fiskekort* (Angelschein). Neu: die *Sverigefiskekortet*, ein Angelschein für 1200 Gewässer in 50 Gemeinden, ab 80 SEK (Tageskarte). Kaufen können Sie sie in den Touristenbüros oder Sportgeschäften vor Ort. Nur an der Küste und den großen Seen Vänern und Vättern benötigen Sie keinen Angelschein. Infos unter *www.sverigefiskekortet.se*

DRAISINE

Spannende Draisinentouren werden in Dalsland angeboten. Auf einer stillgelegten Bahnstrecke fahren Sie 52 km von Bengtsfors ins värmländische Årjäng ganz umweltfreundlich durch herrliche Landschaft. *Verschiedene Zeiten und Tarife, 1 Std. ab 90 SEK | Dal Västra Värmlands Järnväg | Stationsgatan | Bengtsfors | Tel. 0531/52 68 01 | Fax 52 68 03 | www.dvvj.com*

Insider Tipp

98 | 99

GOLF

In Schweden hat sich Golfspielen zu einem Volkssport entwickelt, ist nicht so exklusiv wie in anderen Ländern. Über 400 Golfplätze in herrlicher Landschaft gibt es, ein großer Teil davon in Südschweden; viele stehen auch Tagesgästen offen. Infos: *Svenska Golfförbundet (Kevingestrand 20 | Danderyd | Tel. 08/622 15 00 | Fax 755 84 39 |www.sgf.golf. se)*. Weitere Infos unter *www.golf sweden.com*.

KANUFAHREN

In den Regionen Dalsland und Värmland können Sie hervorragend Kanu fahren, aber auch in Småland gibt es sehr gute Kanugebiete (z. B. rund um Växjö: die Seen Helga, Åsnen, Möckeln und Bolmen oder beim See Stråken nahe Jönköping). Es gibt ruhige Strecken und Wildwassertouren, Reviere für Anfänger und für Profis. Infos zu Verleihern und Routenempfehlungen: *Svenska Kanotförbundet | Rosvalla | Nyköping | Tel. 0155/ 20 90 80 | Fax 20 90 81 | www.kanot guiden.com | www.kanot.com*.

RADFAHREN

Ausgezeichnete Radwanderwege gibt es in ganz Südschweden. Wer viel Zeit hat, kann 2590 km auf dem *Sverigeleden* von Skåne bis nach Lappland radeln. Mehr als 3000 Nebenstrecken dieses Radwanderwegs führen vorbei an den schönsten Sehenswürdigkeiten und durch herrliche Natur. Dazu kommen spezielle Landschaftsrouten wie der *Dalslandsleden* oder *Västgötaleden*. Die Touristenbüros helfen mit detaillierten Auskünften weiter. Helmpflicht für Kinder unter 15 Jahren! Infos: *Svenska Cykelsällskapet | Torneågatan 10 | Kista | Tel. 08/ 751 62 04 | Fax 751 19 35, www. svenska-cykelsallskapet.se*

Golf ist in Schweden längst ein Volkssport geworden

SPORT & AKTIVITÄTEN

RIVERRAFTING & FLOSSFAHRTEN

Insider Tipp

In der unberührten Wildnis Värmlands können Sie sich auf dem Klarälven im Riverrafting versuchen oder Floßfahrten unternehmen. Aber erst müssen Sie sich Ihr Floß selbst bauen! Es werden Tagesausflüge, aber auch Mehrtagestouren sowie Wildnis-Erlebnispakete mit Klettern, Bibersafari, Sauna und Holztonnenbad angeboten. *Je nach Aktivität Mitte Juni–Mitte Aug. | 140 bzw. 180 km nördlich von Karlstad an der Straße 62.* Veranstalter: *Vildmark i Värmland (Torsby | Tel. 0560/140 40 | Fax 130 68 | www.vildmark.se)* und *Branäs Sverigeflotten (Klara Strand 66 | Likenäs | Tel. 0564/402 27 | Fax 403 00 | www.sverigeflotten.com)*

SEGELN & SURFEN

Segler- und Surferparadiese sind insbesondere Öland und die vorgelagerten Schären an der Westküste (nördlich von Göteborg), der Südküste (Blekinge), der Ostküste (von Västervik bis Söderköping) und bei Stockholm. Dort gibt es viele Segelschulen auch für Kinder (Segelschein). Für Surfer eignen sich vor allem Tylösand und Varberg an der Westküste. Eine Liste mit allen Gästehäfen bekommen Sie gegen Gebühr bei *Gästhamnsguiden SXK AB (Box 20 | 360 71 Norrhult | Tel. 0474/ 482 85 | Fax 482 86 | www.gast hamnsguiden.se)*. Infos zu Segelclubs und -kursen: *www.sxk.se, www.abc seglarskola.se*. Weitere Infos: *Svenska Seglarförbundet (af Pontins väg 6 | Stockholm | Tel. 08/459 09 90 | Fax 459 09 99 | www.svenskseg ling.se)*

WANDERN

Gut markierte Wanderwege durch unberührte Natur finden Sie in ganz Südschweden. Besonders zu empfehlen sind der *Kinnekulleleden* am Vänernsee sowie die Region *Dalsand (Kroppefjäll, Pilgrimsleden)* und *Värmland (Glaskogen)*. Die örtlichen Touristenbüros haben detailliertes Kartenmaterial und Routenempfehlungen. Infos: *Svenska Turistföreningen (Tel. 08/463 21 00 | Fax 678 19 58 | www.svenskaturistforenin gen.se)*. Der Schwedische Touristenverein ist auch für Wanderstrecken, Hütten und Jugendherbergen zuständig. Organisierte Wanderreisen können Sie hier ebenfalls buchen.

WINTERSPORT

Ob Ski alpin, Langlauf auf beleuchteten Loipen, Eisangeln oder Schlittschuh laufen auf dem Meer: An winterlichen Outdooraktivitäten mangelt es in Südschweden nicht. Allerdings liegen die Loipen und Pisten mit den besten Schneeverhältnissen doch eher im Norden des Landes. Aber auch in Värmland (bei Sunne) lässt es sich schon ganz gut Ski fahren, und überlaufen ist es dort auch nicht. Sonst ist vor allem das Schlittschuhlaufen in den zugefrorenen Schären oder auf dem Göta-Kanal ein ganz besonderes Erlebnis. Wer die idyllische Winterlandschaft lieber ruhig genießen will, dem sei ein Ausflug zum Eisangeln empfohlen. Wichtige Utensilien sind ein Campingstuhl, eine einfache Angel, ein Eisbohrer, um ein Loch ins Eis zu bekommen, und eine Thermoskanne mit heißem Inhalt. Infos zu Pisten und Liften: *www.skidguiden.se, www.skidinfo.se*

Insider Tipp

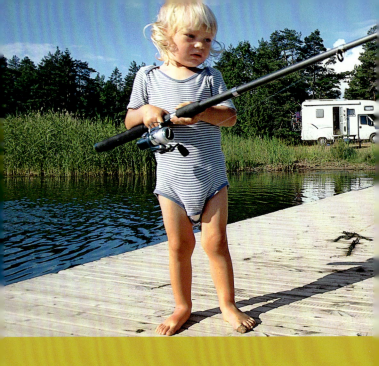

> WILLKOMMEN UND RESPEKTIERT

Schweden ist sehr kinderfreundlich. Deshalb ist es perfekt geeignet für einen Familienurlaub

> Kinder haben es gut in Schweden. Nicht nur, dass man hier besonders nachdrücklich für ihre Rechte eintritt: Schweden war zum Beispiel in den 1970er-Jahren das erste Land der Welt, in dem Eltern gesetzlich verboten wurde, ihre Kinder zu schlagen. Die Erwachsenen nehmen sehr viel Rücksicht auf die Belange von Kindern.

Ob Spielecken in Geschäften oder kleine Einkaufswagen in den Supermärkten – Schweden ist beispielhaft für einen respektvollen Umgang mit Kindern. Das merken Sie im Urlaub: an kindgerechter Ausstattung der Ferienhäuser oder Ermäßigungen für die Jüngsten. Nicht zu vergessen das riesige Angebot an Attraktionen wie Vergnügungsparks oder Experimentierwerkstätten. Auch der Kontakt zu Tieren und Natur wird groß geschrieben. So wird es Kindern selbst bei Regenwetter nicht langweilig. Infos: *www.barnsemester.se* (Schwedisch!)

Bild: Angeln in Småland

MIT KINDERN REISEN

DIE SÜDKÜSTE

BARNENS GÅRD [123 D4]

Abwechslungsreiche Idylle: Wenn die Kinder müde geworden sind, Tiere vom Bauernhof zu streicheln, wartet ein spannender Abenteuerwald auf diesem Parkgelände in Österlen. Erwachsene stärken sich derweil im dazugehörigen Café. *Mitte Juni–Mitte Aug. Di–So 10–17 Uhr | Eintritt Tierpark 60 SEK, Abenteuerwald 65 SEK | Svinaberga am Riksväg 9, 4 km südlich von Kivik | www.barnensgard.nu*

ERIKSBERGS VILTRESERVAT [123 E4]

Großes Naturschutzgebiet mit Hirschen, Wisenten und Wildschweinen in freier Wildbahn etwa 10 km östlich von Karlshamn. Sie und Ihre Kinder machen im eigenen PKW, Bus oder Anhänger eine Tour durchs Gelände. Beste Zeit ist der späte Nachmittag, dann ist die Wahrscheinlichkeit größer, dass Sie Tiere sehen. Führungen in Bus oder Anhänger im Voraus buchen! *Mitte Juni–Ende Aug. tgl. 12–19 | Eintritt 110 SEK, Kinder (8–15 Jahre) 60 SEK, Kinder unter 8 Jahren frei | Traktor und Wagen ohne Führung 700 SEK, mit Führung 1400 SEK | E 22 zwischen Karlshamn und Ronneby, Ausfahrt Hälleryd/Åryd, dann ausgeschildert | www.eriksberg.skogssallskapet.se*

■ DIE WESTKÜSTE ■

LISEBERG   [118 C5]

Skandinaviens größter Vergnügungspark mit Achter- und Wildwasserbahnen liegt in Göteborg. Neueste Attraktion: die gigantische Schaukel „Uppswinget". *Juli–10. Aug. Mo–Do, So 11–23, Fr/Sa 11–24 Uhr, weitere Zeiten im Internet | Eintritt Erwachsene und Kinder ab 7 Jahren 60 SEK, verschiedene Ticketpässe von 15–1145 SEK für die Fahrgeschäfte | Örgrytevägen 5 | www.liseberg.se*

NORDENS ARK   [118 B4]

Wölfe, Luchse, Rentiere und Vielfraße bekommen Sie in diesem Tierpark zu sehen. Hier hat man es sich zur Aufgabe gemacht, vom Aussterben bedrohte Tierarten des Nordens aufzuziehen und auszuwildern. Toller Naturspielplatz für Kinder. *Mitte Juni–Aug. tgl. 10–19, sonst tgl. 10–16 Uhr | Eintritt 140 SEK, Kinder unter 5 frei, Kinder (5–12) 60 SEK, Jugendliche (13–17) 80 SEK | Åby säteri in Hunnebostrand (Anfahrt über die 171) | www.nordensark.se*

UNIVERSEUM   [118 C5]

Naturwissenschaft erleben! Auf insgesamt 10 000 m^2 gibt es hier einen Regenwald, ein Ozeanaquarium, Tiere sowie verschiedene Abteilungen, in denen Kinder selbst experimentieren können. Eine prima Alternative an Regentagen. *Ende Aug.–Mitte Juni tgl. 11–18, Mitte Juni–Ende Aug. tgl. 10–19 Uhr | Eintritt 145 SEK | Kinder unter 5 Jahren frei | Södravägen 50 | Göteborg | neben Liseberg | www.universeum.se*

■ VÄNERN UND VÄTTERN ■

SUNNE VATTENPARK   [119 D1]

Spaßbad für die ganze Familie mit zehn spannenden Wasserattraktionen am Frykensee. *Mitte Juni–Mitte Aug. tgl. 10–18 Uhr | Eintritt ab 230 SEK, Kinder unter 1 m frei | Kolsnäsvägen 6 | Sunne | www.vattenpark.se*

SKARA SOMMARLAND   [119 D4]

Der große Vergnügungspark bietet die tollsten Attraktionen: Tivoli, Wasserland mit Pools zum Baden und Motorstadion (Motocross und Kart). *Juni So–Fr 10–17, Sa 10–18, Juli–Mitte Aug. tgl. 10–19, Mitte–Ende Aug. tgl. 10–18 Uhr | Eintritt 220 SEK, Kinder unter 1 m frei. | zwischen Skövde und Skara | Rv. 49 | www.sommarland.se*

■ DIE OSTKÜSTE ■

ASTRID LINDGRENS VÄRLD ★   [123 E1]

Der Themenerlebnispark ist ein Muss für alle kleinen und großen Astrid-Lindgren-Fans. Auf 100 000 m^2 hat man einen Märchenpark angelegt, mit Motiven aus Lindgren-Geschichten, in Kindergröße, Maßstab 1 zu 3. Pippis „Villa Kunterbunt" zum Beispiel, die „Mattisburg" aus Ronja Räubertochter oder Michels „Katthulthof". Es gibt Picknickwiesen, einen Strei-

> *www.marcopolo.de/suedschweden*

MIT KINDERN REISEN

chelzoo und ein Kino mit Astrid-Lindgren-Filmen. *Mitte Mai–Mitte Juni tgl. 10–17, Mitte Juni–Aug. tgl. 10–18 Uhr | Eintritt 155–240 SEK, Kinder von 3–12 120–160 SEK | Vimmerby | www.alv.se*

KOLMÅRDEN [120 C3]
Der riesige Safaripark ist nicht nur für Kinder faszinierend. Wer noch keinen Elch gesehen hat, bekommt im größten Zoo Nordeuropas eine Chance. Aber natürlich gibt es auch wilde Tiere. Die können Sie aus Ihrem Auto, dem Safarizug oder von oben aus der Seilbahn beobachten. *Mai–Juni, Mitte Aug–Ende Sept. tgl. 10–17, Juli–Mitte Aug. tgl. 10–18, Sept. Sa/So 10–17 Uhr | Eintritt ab 140 SEK, Kinder ab 4 Jahren ab 100 SEK | Kolmården an der E4 | www.kolmarden.com*

STOCKHOLM

GRÖNA LUND [U E-F4]
Über 120 Jahre alter Vergnügungspark mit phantastischen Attraktionen von Kettenkarussell bis Achterbahn. *Stark variierende Öffnungszeiten | Eintritt 60 SEK, Kinder bis 3 Jahre frei, 4–12 J. 30 SEK | Fahrgeschäfte extra | Lilla Allmänna Gränd 9, auf Djurgården | www.gronalund.com*

JUNIBACKEN [U E3]
Hier trifft man sie alle: Pippi, Michel, Ronja und andere Figuren von Astrid Lindgren. Eine Minibahn fährt zur „Villa Kunterbunt", und dort darf in allen Räumen gespielt werden. *Sept.–Ende Mai Di–So 10–17, Juni/Aug. tgl. 10–17, Juli tgl. 9–18 Uhr. | Eintritt 110 SEK, Kinder 95 SEK | Galärvarvsvägen auf Djurgården | Tel. 08/58 72 30 00 | www.junibacken.se*

Blauer Himmel, rote Häuser, glückliche Kinder: Klingt nach Klischee, ist aber Südschweden

104 | 105

> VON ANREISE BIS ZOLL

Urlaub von Anfang bis Ende: die wichtigsten Adressen und Informationen für Ihre Südschwedenreise

ANREISE

AUTO/FÄHRE
Die wichtigsten Fährverbindungen ab Deutschland: Travemünde–Trelleborg (7–9 Std. | www.ttline.de), Rostock–Trelleborg (6 Std.), Sassnitz–Trelleborg (4 Std. | beide www.scandlines.de) und Kiel–Göteborg (über Nacht, 13,5 Std. | www.stenaline.de). Oder die Vogelfluglinie (Puttgarden-Rødby und Helsingør–Helsingborg bzw. über die Öresundbrücke Kopenhagen–Malmö | www.scandlines.de, www.oresundsbron.com)

BAHN
Das Euro Domino Ticket der Deutschen Bahn gilt einen Monat, in dem man an 3 (178 Euro) oder bis zu 8 Tagen (Tag 4–8 je 22 Euro) die Züge nutzen kann. Beim Scan-Rail-Flexi-Pass wählt man zwischen 5 (230 Euro), 8 (292 Euro) und 10 Tagen (324 Euro). Infos unter www.bahn.de.

BUS
Die Buslinie *Eurolines* verbindet deutsche Städte wie Dortmund, Hamburg, Frankfurt oder München mit Zielen in Schweden, ab 58 Euro für die einfache Fahrt. Infos: www.deutsche-touring.com, www.eurolines.se

FLUGZEUG
Direktflüge mit *SAS*, *Lufthansa* oder *Swiss* nach Stockholm ab Berlin,

> WWW.MARCOPOLO.DE
Ihr Reise- und Freizeitportal im Internet!

> Aktuelle multimediale Informationen, Insider-Tipps und Angebote zu Zielen weltweit ... und für Ihre Stadt zu Hause!

> Interaktive Karten mit eingezeichneten Sehenswürdigkeiten, Hotels, Restaurants etc.

> Inspirierende Bilder, Videos, Reportagen

> Kostenloser 14-täglicher MARCO POLO Podcast: Hören Sie sich in ferne Länder und quirlige Metropolen!

> Gewinnspiele mit attraktiven Preisen

> Bewertungen, Tipps und Beiträge von Reisenden in der lebhaften MARCO POLO Community:
Jetzt mitmachen und kostenlos registrieren!

> Praktische Services wie Routenplaner, Währungsrechner etc.

Abonnieren Sie den kostenlosen MARCO POLO Newsletter ... wir informieren Sie 14-täglich über Neuigkeiten auf marcopolo.de!

Reinklicken und wegträumen!
www.marcopolo.de

PRAKTISCHE HINWEISE

Düsseldorf, Frankfurt/M., Hamburg, München, Wien, Genf und Zürich. Göteborg nonstop ab Frankfurt/M. *Air Berlin* fliegt von Wien, Zürich und mehreren deutschen Städten direkt nach Stockholm und Göteborg (Mai–Okt), *Austrian Airlines* von Wien nach Göteborg und Stockholm, *German Wings* von Berlin und Köln nach Stockholm. *Ryanair* fliegt ab Frankfurt/Hahn nach Göteborg und Stockholm/Skavsta (Nyköping) sowie von Weeze/Niederrhein und Lübeck nach Stockholm/Skavsta. *Tui Fly* verbindet Hannover und Stuttgart mit Stockholm.

AUSKUNFT

VISITSWEDEN
Stortorget 3 | 83130 Östersund | Fax 063/12 81 37 | www.visitsweden. com | aus Deutschland: Tel. 069/ 22 22 34 96 | germany@visitsweden. com | aus Österreich: Tel. 0192/ 86 70 | austria@visitsweden.com | aus der Schweiz: Tel. 044/580 62 94 | switzerland@visitsweden.com

AUTO

Autofahren ist in Schweden relativ stressfrei, es gibt wenig Verkehr, gut ausgebaute Straßen. Höchstgeschwindigkeit in geschlossenen Ortschaften 50 km/h, außerhalb geschlossener Ortschaften 70–90 km/h, auf Autobahnen 90–110 km/h. PKW mit Wohnwagen dürfen max. 80 km/h fahren. Auch am Tag muss mit Abblendlicht gefahren werden. Kraftfahrzeuge müssen ein Nationalitätenkennzeichen tragen. Promillegrenze: 0,2. Strenge Strafen bei Verstößen gegen die Straßenverkehrsordnung (nicht angeschnallt 160 Euro, mehr als 30 km/h zu schnell ab

WAS KOSTET WIE VIEL?

KAFFEE	**AB 2,60 EURO**	für einen Café latte
BIER	**AB 5,10 EURO**	für einen halben Liter
KINO	**9–12 EURO**	für ein Kinoticket
KÖTTBULLAR	**AB 5,60 EURO**	für eine Portion
BENZIN	**1,29 EURO**	für einen Liter Normal
TAXI	**0,90–1,33 EURO**	pro Kilometer

386 Euro). Elchwarnschilder unbedingt ernst nehmen! Das Tankstellennetz ist sehr gut ausgebaut. Viele Tankstellen bieten bereits umweltfreundliches Ethanol an.

CAMPING

Um auf einem schwedischen Campingplatz übernachten zu dürfen, benötigen Sie eine gültige *Camping Card*. Es gibt sie direkt auf den Campingplätzen oder beim *SCR (Sveriges*

Campingvärdars Riksförbund | Mässans Gata 10 | Box 5079 | 402 22 Göteborg | www.scr.se, www.camping.se | Gebühr 125 SEK pro Person und Jahr).

DIPLOMATISCHE VERTRETUNGEN

DEUTSCHE BOTSCHAFT
Skarpögatan 9 | Stockholm | Tel. 08/670 15 00 | Fax 670 15 72

ÖSTERREICHISCHE BOTSCHAFT
Kommendörsgatan 35 | Stockholm | Tel. 08/665 17 70 | Fax 662 69 28

SCHWEIZER BOTSCHAFT
Valhallavägen 64 | Stockholm | Tel. 08/676 79 00 | Fax 21 15 04

EINREISE

Das Schengen-Abkommen ermöglicht Reisen ohne Ausweiskontrolle innerhalb der Mitgliedstaaten. Trotzdem müssen Sie einen Ausweis für evtl. Stichkontrollen dabei haben. Schweizer brauchen einen gültigen Pass.

GELD & PREISE

Landeswährung ist die Schwedische Krone (SEK). Banken sind in der Regel Mo–Fr von 10–15 Uhr geöffnet. Günstigere Wechselkurse gibt es bei den FOREX- oder X-Change-Wechselstuben an Fähr- und Flughäfen, Bahnhöfen sowie in größeren Innenstädten. Die gängigen Kreditkarten werden akzeptiert und sind sehr verbreitet. Mit EC-Karte und Geheimzahl können Sie an Bankomaten Geld abheben. Als Zahlungsmittel wird die EC-Karte nicht anerkannt.

Seit der Euroumstellung und Ökosteuereinführung in Deutschland sind die Preise in Schweden im Vergleich längst nicht mehr so hoch wie früher. Teuer sind nach wie vor Alkohol, Zigaretten, Süßigkeiten, Körperpflegeprodukte und das Essen in Restaurants (Großstädte). Dort isst man mittags deutlich günstiger als abends.

GESUNDHEIT

Bei einer Behandlung muss die Auslandskrankenkarte (EHIC) vorgelegt

> BLOGS & PODCASTS
Gute Tagebücher und Files im Internet

> www.fiket.de – Schweden-Blog eines Deutschen, der in Uppsala lebt, mit Themen von A wie Alltag über R wie Reisen und S wie Seltsam bis zu Ü wie Überwachung

> www.tre-kronor.blogspot.com – Drei Kronen für ein Halleluja oder über das „schöne Leben im schwedischen Exil" aus der Sicht eines Deutschen

> www.sr.se/podradio/xml/sri_tyska.xml – Neueste Nachrichten und Informationen aus Politik, Wirtschaft, Gesellschaft und Kultur von Radio Schweden auf Deutsch

> www.sr.se/podradio/xml/sri_spiegel_der_woche.xml – Wochenzusammenfassung von Radio Schweden auf Deutsch

Für den Inhalt der Blogs & Podcasts übernimmt die MARCO POLO Redaktion keine Verantwortung.

PRAKTISCHE HINWEISE

werden, mit der Sie die Kosten von Ihrer Krankenkasse erstattet bekommen. Sie gilt EU-weit und nur für akute Notfälle sowie die unmittelbar erforderliche medizinische Versorgung. Sie erhalten die Karte kostenlos bei Ihrer Krankenkasse.

Im Fall einer Erkrankung wendet man sich in den Krankenhäusern an die *Akutmottagning* (Notaufnahme) oder in kleineren Orten an die *Vårdcentral* (Gesundheitszentrum). Alle Patienten müssen beim Besuch im Krankenhaus oder einer Vårdcentral eine Gebühr bezahlen *(15–32 Euro)*. Es ist empfehlenswert, eine Auslandskrankenversicherung abzuschließen (z. B. für Krankenrücktransport).

INTERNET

Das Internet ist in Schweden weit verbreitet, es wird von fast 70 Prozent der Bevölkerung genutzt, bei den 25–34-Jährigen sind es sogar fast 80 Prozent. Die wichtigsten Adressen: *www.visitsweden.com, www.sweden.se, www.stockholmtown.com, www.destination-stockholm.se, www.stuga.nu* und *www.stugguiden.se* (Ferienhäuser)

INTERNETCAFÉS

Göteborg: *IT-grottan (Chalmersgatan 27 | Tel. 031/778 73 77 | www.itgrottan.se)*
Malmö: *Café ZeZe | Engelbrektsgatan 13 | Tel. 040/23 81 28*
Stockholm: *Café Access (Kulturhuset, Sergels torg | Tel. 08/ 20 52 10); Matrix (in der U-Bahn-Station Hötorget | Tel. 08/20 02 93).* Internetzugang gibt es auch in den *Sidewalk Express-Läden (www.sidewalkex*

press.se) wie auch in vielen Filialen der *7-Eleven*-Kette.

KLIMA & REISEZEIT

Die beste Reisezeit ist der Sommer, dann sind die Tage extrem lang. Auf der Höhe von Stockholm bedeutet dies: Erst gegen 23 Uhr beginnt es zu dämmern, und ab 1 Uhr wird es schon wieder hell. Der Sommer kann heiß werden. Grundsätzlich müssen Sie aber auch mit kühlem und regnerischem Wetter rechnen. Erfahrungsgemäß regnet es an der Westküste

WÄHRUNGSRECHNER

€	SEK	SEK	€
1	9,25	10	1,08
2	18,51	20	2,16
3	27,77	25	2,70
4	37,02	30	3,24
5	46,28	40	4,32
7	64,79	50	5,40
8	74,04	70	7,57
9	83,30	80	8,65
100	92,55	90	9,73

häufiger als im Osten des Landes. Auch im Winter hat Südschweden seinen Reiz. Richtig kalt wird es oft erst im Februar. Dank des Golfstroms hat Schweden trotz seiner nördlichen Lage gemäßigtes Klima. Im Südwesten ist es im Sommer nicht zu heiß, die Winter sind mild. Anders ist es im Norden und im Osten. Hier herrscht eher kontinentales Klima, mit eher heißen Sommern und kalten Wintern.

MIETWAGEN

Die preiswertesten Autovermieter *(biluthyrning)* sind Tankstellen (Statoil, OKQ8). Ein Kleinwagen ist dort schon ab ca. 225 SEK pro Tag zu bekommen. Bedingungen: Mindestalter 19 Jahre, ein Jahr Führerscheinbesitz.

NOTRUF

Für Polizei, Notarzt und Feuerwehr gilt der *Notruf 112.*

Pannenhilfe rund um die Uhr: *Tel. 020/91 29 12.*

ÖFFNUNGSZEITEN

Museen, Sehenswürdigkeiten und Vergnügungsparks haben stark variierende Öffnungszeiten, je nach Saison. In den schwedischen Schulferien zwischen Mitte Juni und Mitte August haben alle deutlich länger geöffnet. Von Oktober bis April können viele Schlösser und Museen nur an Wochenenden besichtigt werden. Auch die Restaurants in kleinen Orten sind in der Nachsaison oft ganz geschlossen oder nur an Wochenenden geöffnet. Unbedingt vorher anrufen! Geschäfte sind meist Mo–Fr von 9–18, Sa bis 14 oder 16 Uhr geöffnet. In Kaufhäusern kann man oft bis 20 Uhr einkaufen und auch sonntags von 12–16 Uhr. Viele Lebensmittelgeschäfte haben erweiterte Öffnungszeiten.

POST

Postämter in den größeren Städten sind Mo–Fr von 9 bis 18, Sa 9 bis 13 Uhr geöffnet. Auf dem Land haben die Postämter kürzere Öffnungszeiten, in vielen Supermärkten ist eine Poststelle integriert. Briefe und Postkarten innerhalb Europas kosten 11 SEK Porto. Briefmarken gibt es auch am Zeitungskiosk *(Pressbyrån).*

STROM

220 Volt Wechselstrom.

TELEFON & HANDY

Wegen der hohen Handydichte in Schweden sind Telefonzellen selten geworden. In der Regel telefoniert man mit einer Telefonkarte des Betreibers *Telia.* Die gibt es u. a. in den *Telia*-Läden, im *Pressbyrån* oder an den Statoiltankstellen. Dort überall kann man auch aufladbare Prepaidkarten *(refillkort)* fürs Handy kaufen. Mit einer schwedischen Prepaidkarte entfallen die Gebühren für eingehende Anrufe. Prepaidkarten wie die von *GlobalSim (www.globalsim.net)* oder *Globilo (www.globilo.de)* sind zwar teurer, ersparen aber ebenfalls alle Roaming-Gebühren. Und: Sie bekommen schon zu Hause Ihre neue Nummer. Immer günstig sind SMS. Hohe Kosten verursacht die Mailbox: noch im Heimatland abschalten! Die Vorwahl für Schweden ist 0046, für Deutschland 0049, für Österreich 0043, die Schweiz 0041.

TRINKGELD

Trinkgeld in der Höhe wie in Deutschland ist nicht üblich. Aber man rundet auf und gibt ein kleines Trinkgeld, wenn man mit dem Service zufrieden war.

UNTERKUNFT

Im Sommer und an Wochenenden übernachten Sie in schwedischen Hotels besonders günstig. Auch mit Hotelschecks wird es billiger. Sie bekommen sie vorab bei deutschen Reiseveranstaltern *(www.skandinavische-reise agentur.com).* Besonders beliebt sind Ferienhäuser. Die Preise variieren stark je nach Saison. Infos gibt's im Reisebüro, bei *VisitSweden (www.vi sitsweden.com), www.stugguiden.se*

> *www.marcopolo.de/suedschweden*

PRAKTISCHE HINWEISE

und den örtlichen Touristenbüros. Bed & Breakfast ist eine günstige Alternative. Viele dieser Unterkünfte liegen auf dem Land. Infos bei *Bo på lantgård (www.bopalantgard.org)*. Jugendherbergen in Schweden haben oft auch Doppel- und Familienzimmer. Nichtmitglieder können hier gegen eine höhere Gebühr übernachten. Infos: *Svenska Turistföreningen (Box 25 | 10120 Stockholm | Tel. 0046/(08)/ 463 21 00 | Fax 678 19 58 | www. svenskaturist foreningen.se)*.

WLAN

Telia Homerun bietet WLAN an Flughäfen, Bahnhöfen, Raststätten *(Rasta, Carestel)*, in Hotels, Restaurants, Cafés und vielen Telialäden. WLAN-Partner ist u. a. die in ganz Schweden vertretene Cafékette *Wayne's Coffee*, z.B. in Stockholm *(Odengatan 52, Kungsgatan 14, im Bahnhof und am Norrmalmstorg)*,

Göteborg *(Kungsportsavenyn 20, bei SJ am Drottningtorget)*, Malmö *(Hamngatan 4 , Krankajen 2 und im Bahnhof)*. Unter *www.homerun.te lia.com* gibt es Infos zu Hotspots und wie es funktioniert.

ZEIT

In Schweden gilt die mitteleuropäische Zeit (auch Sommerzeit).

ZOLL

Aus EU-Ländern dürfen ab 20-Jährige einführen: 10 l Spirituosen, 20 l Likörwein, 90 l Wein und 110 l Bier, 800 Zigaretten, 400 Zigarillos, 200 Zigarren und 1 kg Tabak. Aus einem Nicht-EU-Land darf man 1 l Spirituosen oder 2 l Likörwein, 2 l Wein, 200 Zigaretten oder 100 Zigarillos oder 50 Zigarren oder 250 g Tabak einführen. Bier wird gesondert berechnet. Tränengas gilt in Schweden als Waffe und darf nicht eingeführt werden.

WETTER IN STOCKHOLM

Jan.	Feb.	März	April	Mai	Juni	Juli	Aug.	Sept.	Okt.	Nov.	Dez.
–1	–1	3	8	14	19	22	20	15	9	5	2
Tagestemperaturen in ºC											
–5	–5	–4	1	6	11	14	13	9	5	1	–2
Nachttemperaturen in ºC											
1	2	5	7	9	10	9	7	6	3	1	1
Sonnenschein Std./Tag											
10	7	6	7	7	8	9	10	9	9	10	11
Niederschlag Tage/Monat											
3	1	1	2	5	10	15	15	13	10	7	4
Wassertemperaturen in ºC											

> PRATAR DU SVENSKA

„Sprichst du Schwedisch?" Dieser Sprachführer hilft Ihnen, die wichtigsten Wörter und Sätze auf Schwedisch zu sagen

Aussprache

Zur Erleichterung der Aussprache sind alle schwedischen Wörter mit einer einfachen Aussprache (in eckigen Klammern) versehen. Im Schwedischen ist das persönliche „Du" üblich. Diesem Brauch wurde auch im vorliegenden Sprachführer gefolgt. Im Deutschen wurde jedoch das „Sie" beibehalten.

■ AUF EINEN BLICK

Ja./Nein.	Ja. [ja]/Nej. [nëi]
Vielleicht.	Kanske. [kansche]
Bitte.	Varsågod. [warsoguhdi]
Danke.	Tack. [tak]
Gern geschehen.	Det var så lite. [de wa so lite]
Entschuldigung!	Ursäkta!/Förlåt! [ürsäkta/förloht]
Wie bitte?	Förlåt? [förloht]
Ich verstehe nicht.	Jag förstår inte. [ja förstohrii inte]
Ich spreche nur wenig Schwedisch.	Jag talar bara lite svenska. [ja tahlar bahra lite svenska]
Sprechen Sie vielleicht Deutsch/ Englisch?	Talar Ni kanske tyska/engelska? [talar nii kansche tüska/engelska]
Können Sie mir bitte helfen?	Förlåt, kan du hjälpa mig? [förloht, kan dü jelpa mëi]
Ich möchte … (haben).	Jag skulle vilja (ha) … [jag skule wilja (ha)]
Das gefällt mir (nicht).	Det tycker jag (inte) om. [de tüker ja (inte) om]
Haben Sie …?	Har du …? [hahr dü]
Wie viel kostet es?	Hur mycket kostar den/det? [hühr müke kostar den/det]
Wie viel Uhr ist es?	Hur mycket är klockan? [hühr müke é klokan]

■ KENNENLERNEN

Guten Morgen!	God morgon! [gumoron]
Guten Tag!	God dag! [gudà]
Guten Abend!	God afton! [guafton]
Hallo! Grüß dich!	Hej! [hëi]
Wie geht es Ihnen/dir?	Hur mår ni/du? [hühr mohr ni/dü]

> *www.marcopolo.de/suedschweden*

SPRACHFÜHRER SCHWEDISCH

Danke. Und Ihnen/dir?	Bra tack, och ni/du själv? [bra tak, ok ni/dü schälw]
Auf Wiedersehen!	Adjö! [ajö]
Bis morgen!	Vi ses i morgon! [wi ses imoron]
Tschüss!	Hej då! [hëi do]
Tschüss!	Vi hörs! [vi hörsch]

■ UNTERWEGS ■

AUSKUNFT

links/rechts	till vänster/till höger [til wänster/til höger]
geradeaus	rakt fram [rakt fram]
nah/weit	nära/långt (bort) [nära/longt (bort)]
Entschuldigung, wie komme ich bitte nach …?	Förlåt, hur kommer jag till …? [förloht, hür komer ja til]
Bitte, wo ist …	Förlåt, var ligger … [förloht, war liger]
… der Hauptbahnhof?	… centralstationen? [sentralstaschunen]
… die U-Bahn?	… tunnelbanan? [tunelbahnan]
… der Flughafen?	… flygplatsen? [flügplatsen]
Wie weit ist das?	Hur långt är det? [hühr longt e de]

BUS/BAHN

Wie viel kostet eine Fahrkarte nach…?	Hur mycket kostar en biljett till…? [hühr mücke kosstar een biljett till…]
Wann fährt der nächste Zug/ die nächste Bahn/der nächste Bus nach…	När går nästa tåg/ tunnelbana/ bus till… [när goor nässta toog/ tunnelbana/ bus till…]
Fahrkarte für eine einfache Fahrt	en enkel biljett [een enkel biljett]
Rückfahrkarte	en returbiljett [een retürbiljett]
Eine/zwei Streifenkarte/n	en remsa/ två remsor [en remssa, twoo remssur]

PANNE

Ich habe eine Panne.	Min bil har gått sönder. [min bihl har got söner]

112 | 113

Würden Sie mir bitte einen Abschleppwagen schicken? — Vill du vara vänlig och ringa efter en bärgningsbil? [wil dü wa wenlig o ringa efter en bärjiningsbihl]

Wo ist hier in der Nähe eine Werkstatt? — Finns det en verkstad här i närheten? [fins de en werkstahd här i närheten]

TANKSTELLE

Wo ist bitte die nächste Tankstelle? — Ursäkta, var ligger närmaste mack/bensinstation? [ursäkta, wahr liger närmaste mak/bensihnstaschun]

Ich möchte … Liter … — Jag vill ha … liter … [ja wil ha … lihter …]
… 95 Oktan bleifrei. — … 95 oktan blyfri. [nitifem oktan blüfri]
… 98 Oktan bleifrei. — … 98 oktan blyfri. [nitiota oktan blüfri]]
… Diesel. — … diesel. [disel]

UNFALL

Hilfe! — Hjälp! [jelp]
Achtung!/Vorsicht! — Se upp!/Varning! [se üp/warning]
Rufen Sie bitte schnell … — Var snäll och ring genast efter … [war snel o ring jenast efter]
… einen Krankenwagen. — … ambulans. [ambulans]
… die Polizei. — … polisen. [puliesen]
… die Feuerwehr. — … brandkåren. [brankoren]
Es war meine/Ihre Schuld. — Det var mitt/ditt fel. [det wa mit/dit fehl]
Geben Sie mir bitte Ihren Namen und Ihre Anschrift. — Kan jag få ditt namn och adress, tack. [kan ja fo dit namn o adress, tak]

ESSEN/UNTERHALTUNG

Wo gibt es hier … — Var finns det … [war fins de]
… ein gutes Restaurant? — … en bra restaurang? [en bra resturang]
… ein nicht zu teures Restaurant? — … en inte alltför dyr restaurang? [en inte altför dür resturang]
Gibt es hier eine gemütliche Kneipe? — Finns det någon trevlig pub här? [fins de nohgon trewli pab här]

Reservieren Sie uns bitte für heute Abend einen Tisch für vier Personen. — Kan vi få boka ett bord för fyra personer till i kväll. [kan wi fo bestäla et buhrd för führa persuhner til i kwel]
Zum Wohl!/Prost! — Skål! [skohl]
Bezahlen, bitte. — Kan jag få betala. [kan ja fo betahla]

EINKAUFEN

Wo finde ich … — Var hittar jag … [war hitar ja]
… eine Apotheke? — … ett apotek? [et apotehk]

> *www.marcopolo.de/suedschweden*

SPRACHFÜHRER

… eine Bäckerei?	… ett bageri? [et bageri]
… ein Kaufhaus?	… ett varuhus? [et vahrühüs]
… ein Lebensmittelgeschäft?	… en livsmedelsbutik? [en liwsmedelsbutik]
… einen Markt?	… en marknad? [en marknad]

■ ÜBERNACHTUNG

Können Sie mir bitte … empfehlen?	Kan du rekommendera … [kan dü rekomendéra]
… ein gutes Hotel …	… ett bra hotell? [et brah hutél]
… eine Pension …	… ett pensionat? [et penschunat]
Ich habe ein Zimmer reserviert.	Jag har bokat ett rum. [ja hahr buukat et rüm]
Haben Sie noch Zimmer frei?	Har du något rum ledigt? [har dü nogot rum ledit]
ein Einzelzimmer	ett enkelrum [et enkelrum]
ein Doppelzimmer	ett dubbelrum [et dubelrum]
für eine Nacht	för en natt [för en nat]
für eine Woche	för en vecka [för en weka]
Was kostet das Zimmer mit …	Vad kostar rummet med … [wa kostar rumet]
… Frühstück?	… frukost? [frukost]

■ PRAKTISCHE INFORMATIONEN

ARZT

Ich habe mich verletzt.	Jag har skadat mig. [ja har skahdatt mäj]
Ich habe Fieber.	Jag har feber. [ja har fehber]
Ich habe hier Schmerzen.	Jag har ont här. [ja har unt här]

BANK

Wo ist hier bitte … [war fins de … här]	Var finns det … här?
… eine Bank?	… en bank … [en bank]
… eine Wechselstube? [et wäxelkontur]	… ett växelkontor …
Ich möchte … Euro (Schweizer Franken) in Kronen umwechseln.	Jag skulle vilja växla … Euro (schweiziska francs) till kronor. [ja skule wilja wäxla euro ≠(schwëitsiska frang) til krunuhr]

POST

Was kostet …	Vad kostar … [wa kostar]
… ein Brief …	… ett brev … [et brew]
… eine Postkarte …	… ett vykort … [et wükort]
… nach Deutschland?	… till Tyskland? [til tüskland]

> Die Seiteneinteilung für den Reiseatlas finden Sie auf dem hinteren Umschlag dieses Reiseführers.

Mit freundlicher Unterstützung von

kein urlaub ohne
holiday autos

gang einlegen, gas geben, urlaub kommen lassen.

holiday autos vermittelt ihnen ferienmietwagen zu alles inklusive preisen an über 5.000 stationen – weltweit.

REISEATLAS SÜDSCHWEDEN

buchen sie gleich:

→ in ihrem reisebüro
→ unter www.holidayautos.de
→ telefonisch unter 0180 5 17 91 91
  (14 ct/min aus dem deutschen festnetz)

kein urlaub ohne
holiday autos

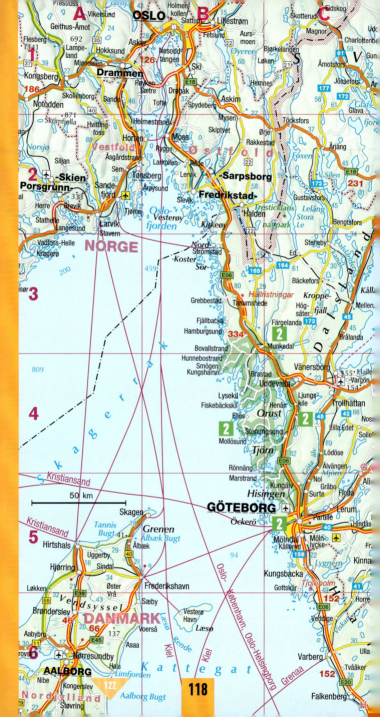

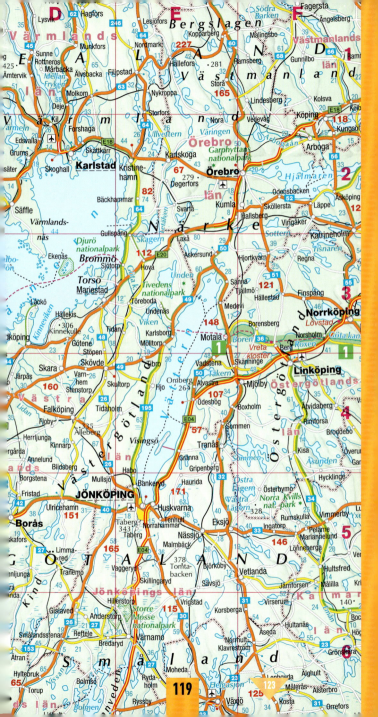

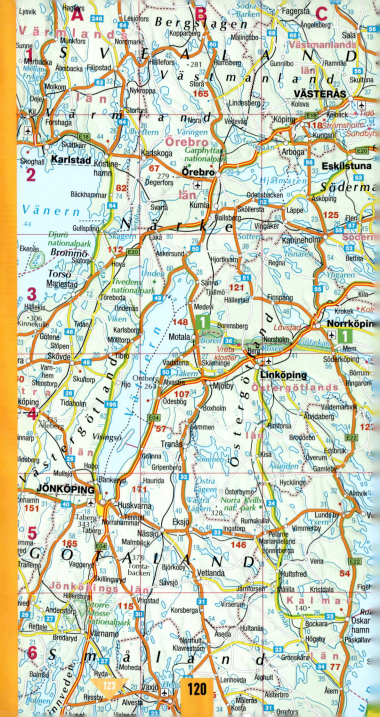

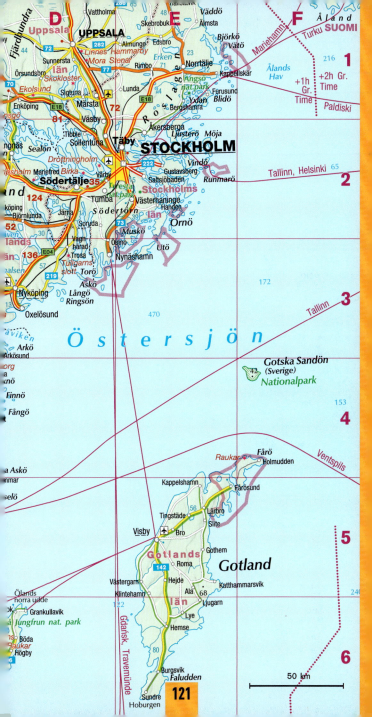

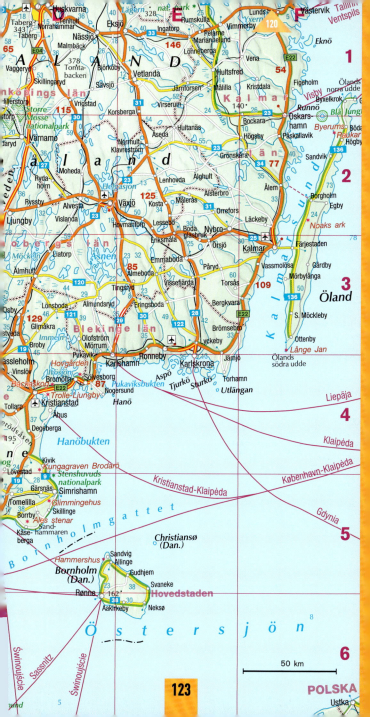

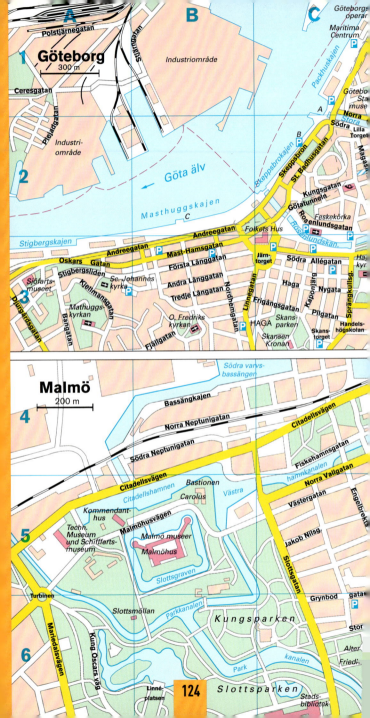

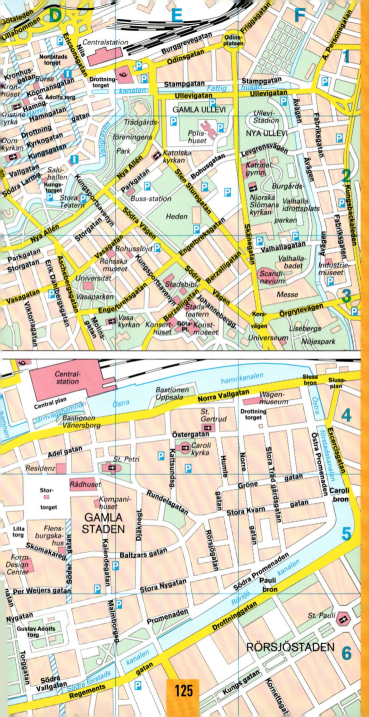

KARTENLEGENDE

anzeige

über den daten-
highway zu mehr
spaß auf allen
anderen straßen:

kein urlaub ohne
holiday autos

15 euro rabatt
sichern! sms
mit **HOLIDAY**
an **83111***
(49 cent/sms)

so einfach geht´s:
senden sie das wort **HOLIDAY** per sms an die nummer **83111***
(49 cent/sms) und wir schicken ihnen ihren rabatt-code per sms zurück.
mit diesem code erhalten sie 15 euro preisnachlass auf ihre nächste
mietwagenbuchung! einzulösen ganz einfach in reisebüros, unter der
hotline 0180 5 17 91 91 (14 cent/min) oder unter www.holidayautos.de
(mindestalter des mietwagenbuchers: in der regel 21 jahre). der code ist
gültig für buchung und mietbeginn bis 31.12.2010 für eine mindest-
mietdauer von 5 tagen. der rabattcode kann pro mobilfunknummer nur
einmal angefordert werden. dieses angebot ist gültig für alle zielgebiete
aus dem programm von holiday autos nach verfügbarkeit.

*vodafone-kunden: 12 cent vodafone-leistung + 37 cent zusatzentgelt des anbieters.
teilnahme nur mit deutscher sim-karte möglich.

REGISTER

In diesem Register sind alle in diesem Reiseführer erwähnten Orte und Ausflugsziele sowie einige wichtige Persönlichkeiten verzeichnet. Halbfette Seitenzahlen verweisen auf den Haupteintrag, kursive auf ein Foto.

Åhus 8, **38**
Ales stenar 38, *38/39*
Ädelfors 76
Älmhult 18
Åmål 66
Arholma 90
Arild 52
Årjäng 61, 62, 99
Arvidsvik 49
Arvika 61
Åspet 38
Aspö **33**, 36
Åstol 50
Astrid Lindgrens Värld 68, *76*, **104f.**
Barnens Gård 103
Båstad 52
Bengtsfors 61, 99
Berg **64**, 93, 94
Bergkvara 73
Birka 88
Bjärehalvön 52
Björkborn (Herrenhof) 61
Björkö 88
Blekinge 8, 18, 30, 31, 99, 101
Boda 29, 52, 53, 73
Böda 74
Bohuslän *6/7*, 9, 42, 92, 94f.
Borensberg 63, 64, **92f.**
Borgholm 73
Brådtom 94
Brunneby (Herrenhof) 93
Dalsland 9, 56, *60*, **61**, 100, 101
Dalsland-Kanal *60*, 61
Dalarna 29
Ekelund Linneväveriet 55
Ellös 95
Eriksbergs Viltreservat 103f.,
Falkenberg 55
Falun 50
Farhult 53
Fårö 68, *68/69*, **69f.**
Fiskebäckskil 95
Fjällbacka 48
Flatön 95
Folhammar 70
Foteviken 38f.
Frykental 62
Garpen 73
Gibberyd 73,
Glaskogen 61f., 101
Glasriket (Glasreich) 7, 29, 68, 73, **76f.**
Glava 61
Glimmingehus 39
Göta-Kanal 9, 57, 62, 64, 75, **92ff.,** 101
Göteborg 7, 8, 9, 15, 20, 22, 23, **42ff.,** 52, 61, 63, 94, 95, 101, 104, 106, 107, 108, 109, 111
Gotland 68ff.
Gotlands Fornsal 71
Gränna **58f.,** 62
Grebbestad 48
Grinda 90
Gröna Lund (Freizeitpark) 80, **105**
Grönåsen 77

Gryt 10
Gullholmen 50
Halland 9, 42
Hallands Väderö (Naturschutzgebiet) 53
Hållö 48f.
Halmstad 48, 55
Hanö 34
Hasslevik 95
Heberg 55
Helsingborg 40, **50f.,** 106
Helsingör 40, 50, 106
Hemmeslövstrand 52
Höganäs 52, 53
Högby 74
Högsby 77
Holmhällar 70
Horred 55
Hultsfred 22
Hunneberg 65, **66,** *67*
Hunnebostrand 104
Huskvarna 59
Jönköping **57ff.,** 100
Junibacken 80, **105**
Kalmar 10, **71f.**
Källekär 94
Karlshamn **33,** 99, 103
Karlskoga 61
Karlskrona **31ff.,** 36
Karlstad **60f.,** 62
Karums Alvar 73
Kåseberga 38
Katthammarsvik 71
Kivik *38,* 39
Kolmården (Safaripark) 105
Köpingsvik 74
Koön 49
Kopenhagen 40, 106
Kosta 29, 73, 77
Koster-Inseln 49
Kristianstad 33f.
Kroppefjäll 61
Kullaberg-Halbinsel 52f.
Kyrkesund (Insel Tjörn) *42/43*
Lagerlöf, Selma 62
Landsort 90
Långe Jan 73
Lergrav 70
Lickershamn 70
Lidköping 18, **66f.**
Lindgren, Astrid 9, **19,** 68, 77, 80, 90, 104, 105
Linköping 64, *65*
Liseberg (Vergnügungspark) 104
Listerland-Halbinsel 34
Ljugarn 71
Ljung 93
Ljungsbro 93f.
Lund 39f.
Lysekil 95
Mälarsee (Mälaren) 9, 10, 13, 20, 87, 88, 89
Malmö 7, 8, 20, 23, **34ff.,** 66, 106, 109, 111
Mankell, Henning 41, 66
Mårbacka (Herrenhof) 62

Mariefred 87, **89f.**
Marstrand 42, **49**
Mellbystrand 52
Mellerud 61
Mem 75, 92, **94**
Mjölby 94
Mollösund 50, **94f.**
Mörrum 34
Mörrumsån 9, **34,** 99
Motala **62f.,** 92
Munkedal 15
Näs Sandar 61
Nobel, Alfred 18, 61, 82
Nordens Ark 104
Norrköping **75,** 94
Norröra 90
Norrtälje 13, 90
Norsholm 94
Nyhamnsläge 49
Nyköping 100, 107
Öland 10, 68, 71, **72ff.,** 101
Örebro 62, **64**
Öresundbrücke 40, *40/41,* 106
Öresundregion **40,** *40/41,* 50
Orrefors 29, 73, 77
Orust 50, 94f.
Östergötland 57, 64, 68
Österlen 8, **40,** 103
Persäng 90
Rök 64
Rönnäng *6/7,* 50, 94
Rumskulla 73
Sandhammaren (Naturreservat) *30/31,* 40
Sandhamn 90
Schloss Drottningholm 10, *20,* 87, **89**
Schloss Gripsholm *11,* **89f.**
Schloss Läckö 57, **67**
Schloss Malmöhus 35
Schloss Sofiero 53
Schloss Solliden 73
Schloss Tjolöholm 49f.
Schloss Tullgarn 91
Sevedstorp 73
Sigtuna 90
Simrishamn 8, **40**
Skåne (Schonen) *1,* 8, 9, 18, 20, 22, 30, 66, 100
Skara Sommarland (Vergnügungspark) 104
Skäret 52
Skärhamn 94
Skokloster *22*
Småland 9, 18, 29, 57, 68, 76, 77, 100, *103*
Smögen 49, 95
Smygehuk 41
Söderköping **75,** 94, 101
Södermanland 10
Sölvesborg 8, **34**
Sörmland 66
St. Annas Skärgård 10, **75**
Stångenäs 95
Stenshuvud (Naturschutzgebiet) 40
Stenungssund 94

> **www.marcopolo.de/suedschweden**

Stockholm 5, 7, 8, 9, 10, 12, 13, 14, 15, 19, 20, 22, 28, 43, 63, **78ff.**, 96f., 101, 105, 107, 108, 109, 111, 131
Stockholms Schären 90
Stora Alvaret 73
Strömstad 49
Sturkö 33
Sunne **62**, 101, 104
Sunne Vattenpark (Spaßbad) 104
Tanums hällristningar 52
Tanumshede 52
Tjörn 6/7, 42, 42/43, **50**, 94
Tjurkö 33
Tofta 71
Torekov 53
Trollhättan 67
Trosa 90f.
Tylösand 42, **55**, 101
Uppland 10
Uppsala 91, 108
Vadstena 57, **64f.**
Valläkra 51
Vänern 9, 56ff., 99
Vänersborg 65f.
Varberg 42, 52, **53ff.**, 101
Vargön 65
Värmland 9, 56, 60, 100, 101
Västerås 13
Västergötland 57
Västervik 101
Vättern 9, 56ff., 92, 99
Vaxholm 90
Växjö **76f.**, 100
Viken 15, 52, 53
Vimmerby 68, 73, **76**, **77**, 105
Visby 22, 69, **70f.**
Visingsö 59
Vita Sannar Riviera 61
Vitemölla 39
Vitlycke 52
Vittskövle 38
Ystad 8, **41**, 66

SCHREIBEN SIE UNS!
Liebe Leserin, lieber Leser,

wir setzen alles daran, Ihnen möglichst aktuelle Informationen mit auf die Reise zu geben. Dennoch schleichen sich manchmal Fehler ein – trotz gründlicher Recherche unserer Autoren/innen. Sie haben sicherlich Verständnis, dass der Verlag dafür keine Haftung übernehmen kann.

Wir freuen uns aber, wenn Sie uns schreiben.

Senden Sie Ihre Post an die MARCO POLO Redaktion, MAIRDUMONT, Postfach 31 51, 73751 Ostfildern, info@marcopolo.de

IMPRESSUM

Titelbild: Strandhütten in Schonen (Laif: Hub)
Fotos: Ann-Katrin Blomqvist/Choice Stockholm (12 u.); F 12 Group: Ake E:son Lindman (15 u., 97 u.); R. Freyer (27, 84, 85, 86,); S. Gabriel (2 l., 8, 22/23, 105); Mikael Genberg (13 o.); Grandpa: Anders Johansson (13 u.); U. Haafke (U. M., 38/39); HB Verlag: Kiedrowski, Koshofer, Schwarz (76); Riehle (3 l., 3 M., 4 l., 5, 20, 22, 32, 37, 40/41, 44, 53, 80/81, 82); Huber: Damm (46/47), Gräfenhain (42/43, 60, 91), Huber (6/7, 11, 23, 92/93); Sara Hvatz (12 o., 97 o.l.); IFA Bilderteam: Nowitz (78/79); Iglo Ljuscafé: Olof Hedtjärn (96 o.); ©iStockphoto.com: Cimmerian (96 M.), kcline (97 M. r.), Peterfactors (15 M.), sampsyseeds (96 u.); Jupiterimages: Ehlers (16/17); T. Kliem (2 r., 74, 95); Laif: Amme (102/103), Galli (62/63, 68/69), Gamma (98/99), Hemispheres (28/29), Hub (1, 3 r.), La Terra Magica: Lenz (26, 28, 30/31, 35, 67, 77, 100, 116/117); Look: Dressler (54, 70), Fleisher (89); Mauritius: Ekholm (9), Greatshots (56/57), Hart (49), Nordic Photos (24/25); Nordic Balloons: Anders Bolin (97 M. l.); C. Nowak (U. r., 29, 72); Okapia: Francis (4 r.); T. Reiff (131); Spy Bar: Carl M. Sundevall (14 o.); Stefan Tellevi (15 o.); Tjallamala: Jan Torbjörnsson (14 u.); Visum: Doering (58); H. Wagner (19, 38u., 51, 65); Wanadoo: Ma. Sánchez Peral/de Lope Tizón (U. l.)

3., aktualisierte Auflage 2008
© MAIRDUMONT GmbH & Co. KG, Ostfildern
Verlegerin: Stephanie Mair-Huydts; Chefredaktion: Michaela Lienemann, Marion Zorn;
Autorin: Tatjana Reiff; Redaktion: Christina Sothmann;
Programmbetreuung: Leonie Dlugosch, Nadia Al Kureischi; Bildredaktion: Helge Rösch
Szene/24h: wunder media, München
Kartografie Reiseatlas: © MAIRDUMONT, Ostfildern
Innengestaltung: Zum goldenen Hirschen, Hamburg; Titel/S. 1–3: Factor Product, München
Sprachführer: in Zusammenarbeit mit Ernst Klett Sprachen GmbH, Stuttgart, Redaktion PONS Wörterbücher
Das Werk einschließlich aller seiner Teile ist urheberrechtlich geschützt. Jede urheberrechtsrelevante Verwertung ist ohne Zustimmung des Verlages unzulässig und strafbar. Das gilt insbesondere für Vervielfältigungen, Übersetzungen, Nachahmungen, Mikroverfilmungen und die Einspeicherung und Verarbeitung in elektronischen Systemen.
Printed in Germany. Gedruckt auf 100% chlorfrei gebleichtem Papier

FÜR IHRE NÄCHSTE REISE

gibt es folgende MARCO POLO Titel:

DEUTSCHLAND
Allgäu
Amrum/Föhr
Bayerischer Wald
Berlin
Bodensee
Chiemgau/Berchtes-
 gadener Land
Dresden/Sächsische
 Schweiz
Düsseldorf
Eifel
Erzgebirge/Vogtland
Franken
Frankfurt
Hamburg
Harz
Heidelberg
Köln
Lausitz/Spreewald/
 Zittauer Gebirge
Leipzig
Lüneburger Heide/
 Wendland
Mark Brandenburg
Mecklenburgische
 Seenplatte
Mosel
München
Nordseeküste
 Schleswig-
 Holstein
Oberbayern
Ostfriesische Inseln
Ostfriesland/
 Nordseeküste/
 Niedersachsen/
 Helgoland
Ostseeküste
 Mecklenburg-
 Vorpommern
Ostseeküste
 Schleswig-
 Holstein
Pfalz
Potsdam
Rheingau/
 Wiesbaden
Rügen/Hiddensee/
 Stralsund
Ruhrgebiet
Schwäbische Alb
Schwarzwald
Stuttgart
Sylt
Thüringen
Usedom
Weimar

ÖSTERREICH |
SCHWEIZ
Berner Oberland/
 Bern
Kärnten
Österreich
Salzburger Land
Schweiz
Tessin
Tirol
Wien
Zürich

FRANKREICH
Bretagne
Burgund
Côte d'Azur/
 Monaco
Elsass
Frankreich
Französische
 Atlantikküste
Korsika
Languedoc
 Roussillon
Loire-Tal
Normandie
Paris
Provence

ITALIEN | MALTA
Apulien
Capri
Dolomiten
Elba/Toskanischer
 Archipel
Emilia-Romagna
Florenz
Gardasee
Golf von Neapel
Ischia
Italien
Italienische Adria
Italien Nord
Italien Süd
Kalabrien
Ligurien/
 Cinque Terre
Mailand/Lombardei
Malta/Gozo
Oberital. Seen
Piemont/Turin
Rom
Sardinien
Sizilien/
 Liparische Inseln
Südtirol
Toskana
Umbrien
Venedig
Venetien/Friaul

SPANIEN |
PORTUGAL
Algarve
Andalusien
Barcelona
Baskenland/Bilbao
Costa Blanca
Costa Brava
Costa del Sol/
 Granada
Fuerteventura
Gran Canaria
Ibiza/Formentera
Jakobsweg/Spanien
La Gomera/El Hierro
Lanzarote
La Palma
Lissabon
Madeira
Madrid
Mallorca
Menorca
Portugal
Spanien
Teneriffa

NORDEUROPA
Bornholm
Dänemark
Finnland
Island
Kopenhagen
Norwegen
Schweden
Südschweden/
 Stockholm

WESTEUROPA |
BENELUX
Amsterdam
Brüssel
Dublin
England
Flandern
Irland
Kanalinseln
London
Luxemburg
Niederlande
Niederländische
 Küste
Schottland
Südengland

OSTEUROPA
Baltikum
Budapest
Estland
Kaliningrader Gebiet
Lettland
Litauen/Kurische
 Nehrung
Masurische Seen
Moskau
Plattensee
Polen
Polnische Ostsee-
 küste/Danzig
Prag
Riesengebirge
Rumänien
Russland
Slowakei
St. Petersburg
Tschechien
Ungarn
Warschau

SÜDOSTEUROPA
Bulgarien
Bulgarische
 Schwarz-
 meerküste
Kroatische Küste/
 Dalmatien
Kroatische Küste/
 Istrien/Kvarner
Montenegro
Slowenien

GRIECHENLAND |
TÜRKEI
Athen
Chalkidiki
Griechenland
 Festland
Griechische
 Inseln/Agäis
Istanbul
Korfu
Kos
Kreta
Peloponnes
Rhodos
Samos
Santorin
Türkei
Türkische Südküste
Türkische Westküste
Zakinthos
Zypern

NORDAMERIKA
Alaska
Chicago und
 die Großen Seen
Florida
Hawaii
Kalifornien
Kanada
Kanada Ost
Kanada West
Las Vegas
Los Angeles
New York
San Francisco
USA
USA Neuengland/
 Long Island
USA Ost
USA Südstaaten/
 New Orleans
USA Südwest
USA West
Washington D.C.

MITTEL- UND
SÜDAMERIKA
Argentinien
Brasilien
Chile
Costa Rica
Dominikanische
 Republik
Jamaika
Karibik/
 Große Antillen
Karibik/
 Kleine Antillen
Kuba
Mexiko
Peru/Bolivien
Venezuela
Yucatán

AFRIKA |
VORDERER
ORIENT
Ägypten
Djerba/
 Südtunesien
Dubai/Vereinigte
 Arabische Emirate
Israel
Jerusalem
Jordanien
Kapstadt/
 Wine Lands/
 Garden Route
Kenia
Marokko
Namibia
Qatar/Bahrain/
 Kuwait
Rotes Meer/Sinai
Südafrika
Tunesien

ASIEN
Bali/Lombok
Bangkok
China
Hongkong/
 Macau
Indien
Japan
Ko Samui/
 Ko Phangan
Malaysia
Nepal
Peking
Philippinen
Phuket
Rajasthan
Shanghai
Singapur
Sri Lanka
Thailand
Tokio
Vietnam

INDISCHER
OZEAN |
PAZIFIK
Australien
Malediven
Mauritius
Neuseeland
Seychellen
Südsee

> UNSERE INSIDERIN
MARCO POLO Autorin Tatjana Reiff im Interview

Tatjana Reiff lebt seit 1997 in Stockholm und musste dort als Rheinländerin erstmal eins lernen: weniger und vor allem leise reden

Wieso leben Sie in Stockholm?

Mit sieben wollte ich unbedingt wissen, ob es in Schweden tatsächlich so aussieht wie in Bullerbü. Also sind meine Eltern mit mir in den Sommerferien dorthin gefahren, und seitdem liebe ich dieses Land. Mit 32 habe ich meinen großen Traum wahr gemacht und bin nach Schweden gezogen. Bis jetzt habe ich diesen Schritt nie bereut!

Was hält Sie dort?

Stockholm ist eine wunderschöne Stadt mit viel Wasser und viel Grün, die terrakottafarbenen Gebäude verleihen ihr ein sanftes, mediterranes Flair. Hier bekommt man richtiges Urlaubsfeeling – und das jeden Tag! Auch im Winter ist es phantastisch, und gar nicht so dunkel und kalt, wie viele meinen.
Ich musste mich erst daran gewöhnen, dass man hier weniger, langsamer und vor allem leiser spricht. Die Schweden sind sehr hilfsbereit und gastfreundlich, vom Wesen her tendenziell eher reserviert. Hier herrscht grundsätzlich ein viel ruhigeres Tempo als in Deutschland. Die Leute stressen nicht so, nehmen vieles gelassener, scheinen geduldiger zu sein – und trotzdem klappt alles!

Wie leben Sie genau?

Ich wohne in einem alten Jugendstilhaus von 1907 mitten in Stockholm, im Stadtteil Östermalm. Um die Ecke liegen jede Menge kleiner Läden, Restaurants und Cafés. Zur Arbeit gehe ich meistens zu Fuß, einmal quer durch Östermalm.

Was machen Sie beruflich?

Ich arbeite als freie Journalistin und Producerin, viel für die ARD, aber auch für andere deutsche Firmen, die z. B. für ARTE produzieren. Außerdem übersetze ich sehr viel, vor allem schwedische Fernseh- und Kinofilme.

Was tun Sie in Ihrer Freizeit?

Ich treffe mich gerne mit Freunden und Kollegen, z. B. auf einen Café Latte in Gamla Stan, gehe oft ins Kino und Theater. Im „Dramaten", dem Königlichen Dramatischen Theater, erlebt man viele bekannte schwedische Filmschauspieler live auf der Bühne. Im Winter laufe ich auf den zugefrorenen Seen Schlittschuh, und zwar mit Langlaufschlittschuhen. Mit denen kommt man richtig schnell vorwärts – wenn man es kann!

Ihr schwedisches Lieblingsessen?

Ich esse sehr gerne Fisch, gebratenen Saibling, Lachs in allen Variationen und natürlich Hering in süß-saurer Senfsauce. Auch Elchsteak oder Elchgulasch liebe ich. Doch mein absolutes *favoriträtt*, mein Lieblingsessen, sind *köttbullar* mit Kartoffelpüree und Preiselbeeren.

130 | 131

> BLOSS NICHT!

Wie Sie unliebsame und peinliche Erlebnisse vermeiden können

Unsicher übernachten

Wohnmobilreisende sollten keinesfalls auf Rastplätzen an den Touristenstrecken wie der E 6 oder E 4 übernachten! Überfälle auf ausländische Touristen haben dort leider stark zugenommen.

Rauchverbot missachten

Wer raucht, hat es in Schweden nicht leicht, denn das Land ist auf dem besten Weg, zur rauchfreien Zone zu werden. In öffentlichen Gebäuden ist das Rauchen verboten. Seit Juni 2005 darf auch in Bars, Cafés und Restaurants nicht mehr geraucht werden. Und auch privat und am Arbeitsplatz ist es üblich, für die Zigarette auf den Balkon zu gehen. Wer sich nicht daran hält, gilt als rücksichtslos und unsozial.

Schuhe anlassen

Bei privaten Einladungen zieht man an der Wohnungstür die Schuhe aus. Diese rücksichtsvolle Sitte ist ein Relikt aus alten Zeiten, als man noch den Mist vom Hof unter den Schuhen trug, den man in der Wohnstube natürlich nicht haben wollte. Auch Pfützen unter dem Esstisch durch Schnee und Eis werden so vermieden.

Unangenehm auffallen

Lautes Reden, Gestikulieren oder Streiten mögen die Schweden nicht. Keiner steht hier gern im Vordergrund und verhält sich wie ein Alleinunterhalter. Alle sollen möglichst eine ruhige, homogene Gruppe bilden, aus der keiner ausschert. Zum Beispiel durch Wortgefechte. Denn das setzt die Schweden einem peinlichen Konflikt aus, weil sie reagieren müssten. Und damit stünden sie dann plötzlich im Mittelpunkt.

Sich nicht bedanken

Ob nach dem Frühstück, dem Mittag- oder Abendessen: Beim Aufstehen vom Tisch bedankt man sich fürs Essen *(tack för maten)*. Egal, ob nur die eigene Familie am Tisch sitzt oder ob man eingeladen wurde. Bei Gastgebern bedankt man sich bei nächster Gelegenheit nochmal für die Einladung mit einem *tack för senast* (danke für neulich).

Vordrängeln

Niemand steht gern Schlange, aber wenn es sein muss, dann bitte ruhig und gesittet! Sich vorzudrängeln, gilt in Schweden als unsozial und unfair. In Geschäften, Banken oder der Post gibt es deshalb Nummernzettel, die einem genau zeigen, wann man an der Reihe ist. Dieses System haben die Schweden verinnerlicht, und es klappt mit dem geordneten Anstehen auch dort, wo es keine Nummernzettel gibt. Z. B. in schwedischen *nattklubbs,* die übrigens nur so heißen, weil man sich erst spät ins Nachtleben stürzt. Draußen bilden sich oft lange Schlangen. Aber das nehmen Nachtschwärmer in Kauf: Ruhig und gesittet stehen sie an und warten, bis ihnen Einlass gewährt wird.